다섯 살 두뇌력이
평생학습을 결정한다

두뇌력을 키우는
엄마의 **행동수칙**

다섯 살
두뇌력이
평생학습을
결정한다

21세기북스
www.book21.com

내 아이의 두뇌력 발달,
이제 엄마가 나서야 합니다

지금 우리나라의 교육 현실은 어떻습니까? 너 나 할 것 없이 우리 2세들은 교육이라는 너울을 쓴 채 친구들을 상대로 격렬히 싸우는 '전사'로 변해가고 있습니다. 밤낮 없이, 장소의 제한 없이, 놀 시간도 없이, 즐거워할 시간도 없이, 친구와 사귈 시간도 없이 오직 전쟁터의 병사들처럼 24시간 '공부'에 내몰리고 있습니다. 우리 아이들에게는 휴식이 없습니다. 놀이터에서 아이들의 웃음소리가 사라진지 이미 오래되었습니다. 놀이에도, 친구와의 교제에도, 공부에도 즐거움이란 것이 없습니다. 오로지 지식을 달달 외우는 일에만 골몰합니다. 틈이 나면 컴퓨터 게임이나 휴대전화에 매달립니다. 그들의 삶은 그다지 행복하지 않습니다.

학교는 어떻습니까? 선생님들도 옛날만큼 열성적이지 않습니다.

가르치는 방식도 과거나 현재나 별반 차이가 없습니다. 수업시간에 컴퓨터 같은 IT 기기를 이용하고 인터넷을 이용한다는 점을 빼면 여전히 주입식, 암기식의 획일적인 교과 수업이 이루어집니다.

경제는 선진국 대열에 들어섰다고 큰소리를 치지만 교육은 아시아에서도 후진국에 속합니다. 인성 교육이나 창의성 교육이 중요하다는 사실을 알면서도 말뿐이지 교사들이 현장에서 그런 교육을 하고 있다는 증거를 찾아보기가 쉽지 않습니다.

국가 경쟁력은 경제를 기준으로 가늠하는 게 보통이지만 궁극적으로는 교육에서 비롯됩니다. 결국 잘못된 교육 탓에 우리 경제 경쟁력이 떨어지고 있는 상황입니다. 극소수를 제외하면 인재의 질도 국제 수준에 미치지 못합니다. 창의력, 리더십, 소통능력, 문화적 잠재력, 글로벌 마인드 등에서 경쟁국가에 비해 한참 뒤떨어집니다. 이러한 사실은 스위스 국제경영개발원IMD에서 발표한 2008년 세계 경쟁력 연차 보고서에서도 드러납니다. 우리나라는 대학교육 이수율이 55개국 중 4위를 차지해 최상위권인 반면, 경쟁사회 요구 부합도는 53위로 최저 수준을 면치 못했습니다.

매년 상당히 많은 한국 학생들이 미국의 10대 대학, 이른바 아이비리그에 입학하고 유학생도 중국인 다음으로 많습니다. 그런데 명문 대학에 들어간 학생들의 중도 탈락률이 44%로 미국 유학생들 중 제일 높다는 통계 발표가 있었습니다. 학습법에서 뒤처지기 때문입니다. 다시 말해 한국 학생들은 주로 교수 강의에 의존하고, 자신이 주도적으로 문제를 해결하지 못하며, 창의적인 사고능력이 떨어집니다.

과외공부를 위한 사교육 시장은 팽창일로에 있고 사교육비가 국가의 1년 교육예산과 맞먹을 정도이지만 우리나라의 교육 경쟁력은 OECD 국가 중에서도 꼴찌에 속합니다. 학교교육의 질과 수준이 학원만큼도 못 됩니다. 수능시험이 끝나면 교실을 텅 비워놓은 채 학원으로 달려가 논술에 매달리는 고3 학생들이 이를 증명해줍니다.

학원에서 눈을 부릅뜨고 공부하는 아이들이 학교에서는 엎드려 잠만 자는 기막힌 현실을 언제까지 두고 보아야 합니까? 학교교육이 병들어가고 있지는 않나요? 아이들이 말하길 학교에서는 별로 배우는 것이 없다고 합니다. 교사가 칠판에 수업 내용을 적고 있을 때 아이들은 말합니다. "선생님, 그거 다 알아요. 넘어가요."

우리 세 사람이 교육 경쟁력을 키우고 아이들이 뛰어난 창의력과 리더십을 갖도록 하기 위해 교육의 효율성을 극대화하는 일에 매달리게 된 까닭이 여기에 있습니다. 이를 목표로 8년 동안 새로운 교육실험을 해왔습니다. 그 성과는 기대 이상으로 놀랍습니다.

아이들에게는 자기 나이에 어울리게 행복하게 살 권리가 있습니다. 자신이 원하는 공부를 할 권리도 있습니다.

"인간은 준비하기 위해 태어난 것이 아니라 살기 위해 태어났다."

노벨 문학상을 수상한 보리스 파스테르나크Boris L. Pasternak의 이 말처럼 아이들은 아이답게 오늘을 살아야 장차 참된 어른으로 자랄 수 있습니다. 어린이, 그의 이름은 오늘입니다. 부실한 오늘을 믿으면 내일을 기대하기 어렵습니다.

자녀를 미래의 CEO로 키우고자 한다면 창의적으로 생각하고, 창의적으로 문제를 해결하고, 새로운 가치를 창조하는 능력과 태도를 갖추도록 교육해야 합니다. 이는 열다섯 살이 되기 이전, 그러니까 아동기와 청소년기를 거치는 동안에 다져놓아야 할 기본입니다.

우리는 창의적으로 문제를 감지하고, 사고하고, 해결하는 능력과 태도를 몸에 익히도록 하는 교육연구에 집중적으로 관심을 쏟아왔습니다. 이 책은 우리 세 사람의 경험에 바탕을 둔 일종의 절실한 해결책입니다. 아이들이 저마다 하고 싶은 일을 열심히 잘하고, 이를 통해 기쁨을 느끼고, 나아가 사회가 요구하는 바를 성공적으로 해냄으로써 행복에 도달하고, 국가 사회의 발전에 이바지하고, 인류사회의 발전에 기여하는 유능한 인재가 되기를 바라는 마음에서 이 책을 집필했습니다.

대한민국 학부모님과 자녀들을 위해 출판을 기획하고 집필을 뒷받침해주신 21세기북스에 감사의 말씀을 전합니다.

2009년 2월
공동저자 김재은, 구동조, 김병수

Contents

PART 1

21세기 인재,
창의력이 결정한다

창조성이란?

창조성은 더 깊게 파헤치는 것

창조성은 다시 한번 생각하는 것

창조성은 실수를 제거하는 것

창조성은 고양이(동물)에게 말을 거는 것

창조성은 깊은 물속에 잠기는 것

창조성은 굳게 잠긴 문밖으로 빠져나오는 것

창조성은 햇빛에 쐬기를 박는 것

창조성은 알고 싶어 하는 것

창조성은 스스로 즐기는 것

창조성은 모래성도 쌓을 수 있는 것

창조성은 제멋대로의 음정으로 노래하는 것

창조성은 미래와 악수하는 것

폴 토랜스(Paul Torrance : 미국 심리학자이자 창의성 연구의 권위자)

01

우리나라 대학들은 어떤 학생을 원하는가?

대학도 공부만 잘하는 학생을 원하지 않는다

우리나라 학부모들은 가정의 어떤 문제보다 자녀교육을 최우선 과제로 여기며 공을 들인다. 물론 다는 아니겠지만 적어도 중산층 이상의 부모는 대부분이 그렇다고 보아도 틀림없다. 이들은 국내 혹은 외국의 명문대학에 보낼 수만 있다면 어떤 수단이든 동원한다. 돈을 쓰고 직업을 바꾸고 직장을 옮기고 심지어 이민, 이혼, 별거 등 수단과 방법을 가리지 않는다.

자, 여기서 일단 짚고 넘어갈 부분이 있다. 미국 대학의 경우에는 고등학교 성적만으로 학생을 뽑지 않는다. 이쯤은 누구나 아는 사실이다. 그런데 우리나라 대학도 성적 위주로 학생을 뽑던 과거와 달리 미국 명문대학처럼 여러 가지 조건을 고려하는 방향으로 바뀌어 가고 있다. 단순히 공부만 잘하는 학생이 아니라 성적은 좀 떨어지더라도 심층면접을 통해 창의력이나 지도력, 인성 등을 평가해 전형에 참고한다.

충북대와 한림대 총장을 지낸 교육학자 정범모 박사는 저서인 『창의력』에서 이렇게 주장하고 있다.

"최근 우리 사회에서 창의력의 희구가 요란하다. 아마도 점점 새로운 지식, 기술로 생존경쟁을 벌여야 하는 세계에서 살아남으려면 '창의력'이 필수라는 논리에서일 것이다."

진짜 그렇다. 지식 자체가 아니라 창의력이 더 평가받는 시대가 다가오고 있다.

이제 성적＋창의력＋리더십＋인성으로 뽑는다

한국 최초의 우주인인 이소연이 박사학위를 받아 더 많이 알려지게 된 카이스트는 우리나라의 유명한 공과계 대학이다. 노벨상을 받은 미국인 총장 로버트 러플린Robert B. Laughlin이 물러나고 2006년 새로 부임한 서남표 총장은 현재 카이스트뿐만 아니라 한국의 대학교육에 새바람을 불러일으키고 있다.

서남표 총장이 취한 획기적인 조치 중에서 특히 두드러진 부분은 입시전형이다. 2009학년도 신입생 선발에서 면접을 중요시하겠다고 밝힌 것이다. 과거에는 수능과 내신을 중심으로 하고 면접은 형식에 지나지 않았다. 그런데 방법을 달리해 성적 이외에 면접을 통해 종합적인 인성과 창의력, 리더십을 종합평가함으로써 합격 여부를 결정한다고 했다. 사실상 이미 2008학년도 신입생 선발부터 일부 실험적으로 실시해 지원자 중 10분의 1이 면접에서 최종 당락이 바뀌었다. 그 결과는 매우 바람직스러웠다고 한다.

카이스트의 교학부총장은 "우리 대학은 공부만 잘하는 모범생을 뽑기보다 문화예술을 비롯한 다양한 분야에서 재능을 보이거나 창의적이면서도 리더십이 뛰어난 학생을 뽑는 것이 학교 방침이다"라고 밝혔다.

여기서 주목할 것은 창의력이나 리더십은 학원에서 배울 수 없다는 점이다. 학교교육을 통해서 꾸준히 훈련해야 할 덕목이다. 앞으로 카이스트에 들어갈 학생은 학업성적 말고도 창의력과 리더십을 배양해두어야 한다.

서울대 정운찬 전 총장을 비롯해 이장무 현 총장도 창의적으로 사고하고 문제를 해결하는 능력을 갖추도록 학생들을 교육해야 한다고 기회 있을 때마다 강조했다. 2008학년도 서울대 학위수여식에서 이장무 총장은 "미래 사회 발전의 원동력은 창의적이고 개혁적인 지식이며, 창의적 지식의 개척자로서 평생 자기계발에 힘써달라"고 말했다. 그리고 "자신이 활동하는 분야에서 창의적인 지식을 창조하는 사람만이 미래 사회를 선도할 수 있으며, 창의력은 자기 분야뿐만 아니라 다른 분야에 대해서 개방적인 태도를 취하고 자유로이 사고하는 융화의 정신을 취할 때 가능하다"고 강조했다.

서울대 황농문 박사는 이렇게 말한다.

"사고력을 향상시키는 교육, 그리고 그 사고의 즐거움을 경험하게 하는 것은 빠를수록 좋다. 반대로 단순한 주입식 교육에 의한 선행학습은 아무리 어릴 때 시작해도 결코 영재교육이 될 수 없다."

한편 포항공대(포스텍)는 입학전형에서 전체 평가반영률 중 40%를 면접과 구술고사 점수에 할당하고 있다. 면접과 구술고사 점수가 당락을 결정하는 최대 변수인 셈이다. 교수가 물리나 화학 중 한 과목과 수학에서 문제를 내면 학생이 답하는 방식이다. 이때 문제를 조금 더 잘 풀고 못 푸느냐보다는 창의력과 열의를 중요하게 평가한다.

고려대와 연세대 총장도 학생들이 창의력을 발휘하도록 교육하겠다고 강조했다. 이화여대 이배용 총장 역시 이를 누누이 강조하고 있다. 서울여대는 학교 표어를 아예 "Be Creative-창조적이어라"로 내걸었다.

이처럼 대학이 바뀌고 있다. 그런데 학생들은 여전히 선행학습이다, 수능이다, 논술이다 하며 막대한 시간과 돈을 사교육에 투자하고 있다. 앞으로 이 아이들이 반드시 원하는 대학에 들어간다는 보장이 없다. 과외 선생이나 학원 선생이 외우라고 가르쳐준 대로 달달 외운 지식으로는 경쟁에서 이기기 힘들기 때문이다.

자기 머리로 생각하고, 자기 감각으로 풀고, 자기 손으로 해결하는 능력과 태도가 뒷받침되지 않으면 급변하는 세계를 따라가지 못한다. 창의력이란 새롭고 가치 있는 것을 만들어내는 능력이고 태도이자 사고방식이다. 능력과 태도, 사고방식은 교육을 통해 개발할 수 있으며 이는 누구나 배울 수 있는 특성이기도 하다. 창의력 교육은 중요한 교육 목표다.

❶ 대학이 무엇을 원하는지, 어떤 인재를 양성하고자 하는지 검토하고 준비해야 한다. 대학의 카탈로그를 잘 읽어보자. 그리고 거기에 대비해 공부하게 하라.

❷ 지금 자녀가 준비하고 있는 분야가 미래에 자아실현과 사회 발전 면에서 과연 보람을 느낄 만한지 검토해야 한다.

02

우리 아이도 빌 게이츠가 될 수 있다

: 창의력은 소수자의 독점물이 아니다

컴퓨터에 전원을 넣어라

요즘 초등학교에서는 인터넷을 통해 학생들에게 숙제를 내주고, 수업 계획을 공지하고, 준비물을 알리고, 읽을 책을 소개한다. 또한 칭찬받을 만한 학생의 이름을 올리고, 야외 수업 결과를 보고하는 사진을 올리고, 학교 행사에 관한 정보를 올리고, 학생들의 독후감을 올린다. 옛날처럼 말로써 전달하거나 문서를 복사해 아이들의 손에 쥐어 보내는 대신에 컴퓨터를 이용하는 것이다.

대한민국은 대단한 나라다. 학교에 다니는 아이들을 둔 가정에는 거의 컴퓨터가 있다. 이런 나라가 지구상에 또 있을까?

집에 있는 컴퓨터에 전원을 넣으면 제일 먼저 컴퓨터 사양이 나온다. 아마도 'Microsoft Windows XP'라는 로고가 대부분이지 싶다. 이는 컴퓨터에 내장된 운영시스템이 미국 마이크로소프트에서 개발해 보급하고 있는 '윈도우'라는 소프트웨어 프로그램이라는 뜻이다. 전 세계 수억 대의 개인용 컴퓨터(사실 개인용만이 아니다)에 탑재된 운영시스템으로 마이크로소프트의 제품이 가장 많다. 교육용 혹은 각종 업무용 소프트웨어를 엄청나게 개발해 보급하고 있다. 만일 마이크로소프트에서 개발한 모든 프로그램이 사용 중지된다면 전 세계는 큰 혼란에 빠지게 될 것이다.

미국인인 윌리엄 빌 게이츠William Bill Gates와 그의 친구 폴 알렌 Paul Allen이 이 소프트웨어를 만들어낸 장본인이다. 1975년 만 20세 되던 해에 빌 게이츠는 아버지에게서 단돈 500달러를 빌려 차고에 '마이크로소프트'를 차렸다. 여기서 만들기 시작한 것이 컴퓨터용 소프트웨어였다. 그로부터 30년이 지난 2008년 그는 자산 580억 달러로 세계 제3위의 거부가 되었다. 이후 회사를 떠난 빌 게이츠는 아내가 운영하는 자선재단으로 자리를 옮겼다.

어떻게 빌 게이츠는 젊은 나이에 그토록 많은 돈을 벌 수 있었을까? 세상에는 컴퓨터 소프트웨어를 개발해 판매하는 회사가 수없이 많다. 우리나라에도 수천 개나 있다. 그렇다면 빌 게이츠의 마이크로소프트가 돈을 더 잘 버는 이유는 무엇일까? 그의 힘은 도대체 어디에서 나올까?

한마디로 창의력이다. 그들의 프로그램은 다른 회사에서 만든 것보다 성능이 월등히 우수하다. 기능이 아주 다양하며 운영이 쉽다.

여러 가지로 응용하기도 어렵지 않다. 개인용 컴퓨터 운영시스템 사용자의 90%가 윈도우를 사용한다. 마이크로소프트는 사용자용 운영시스템뿐만 아니라 서버용 윈도우도 개발해 판매하고 있다. 그렇게 세계를 석권했다.

명문가에서 태어난 빌 게이츠는 변호사인 아버지의 영향으로 하버드대 법학과에 들어갔지만 법이 아닌 컴퓨터에만 관심을 두었다. 그는 학교를 중퇴하고 친구인 폴 알렌과 컴퓨터를 만들기 시작했다. 폴과 함께 최초의 개인용 소형 컴퓨터를 만들었는데 그것이 상업적으로 성공을 거두었다. 그 후 1990년대에 MS-DOS의 핵심적인 컴퓨터 프로그램 언어를 창안해 보급한 것이 오늘날의 마이크로소프트를 있게 한 계기가 되었다. 학교를 중퇴한 지 32년 만인 2007년 빌 게이츠는 하버드대 명예 법학사 졸업장을 받았다.

빌 게이츠의 '틀을 깨는 정신'을 배우자

세계 초일류 대학에 들어간 빌 게이츠는 자신이 하고 싶은 일에 공부가 도움이 안 된다는 사실을 깨닫고 학업을 포기했다. 그가 원한 것은 컴퓨터를 만드는 일이었다.

우리나라 사람들은 대부분 하고 싶은 공부를 하느냐 마느냐에 관심이 없다. 고등학생들도 오직 어떤 대학이냐 하는 데만 관심을 둔다. 창의적인 인재가 드문 이유가 여기에 있다. 많은 인재들이 이른바 SKY 대학이라는 서울대, 고려대, 연세대를 졸업하는데도 빌 게이츠에 버금가는 창의적인 인재가 안 나오는 까닭은 자신이 정말로 하고 싶은 공부가 무엇인지를 확실하게 인식하지 못한 탓이다.

어릴 적 꿈을 실현하고 싶은 소박한 소망을 버려서는 안 된다. 빌 게이츠는 어려서부터 컴퓨터를 만드는 것이 꿈이었다. 하버드대를 중퇴하고 실제로 개인용 컴퓨터를 만들어 팔았다. 그리고 컴퓨터 소프트웨어 분야에 발을 들여 오늘날과 같은 대성공을 거두었다. 어린 시절의 꿈은 일생을 지배할 만큼 강력한 성취동기가 되는 법이다.

창조적인 인재가 되려면 용기가 필요하다. 초일류 대학도 중퇴할 만큼 용감해야 한다. 역사적으로 창조적인 인물이라고 평가받는 사람들 중에는 학교교육을 제대로 받지 않은 사람이 많다. 학교라는 틀에 얽매이기 싫어했기 때문이다. 빌 게이츠는 스무 살에 창업해 20년 만에 세계 일등기업을 만들었다. 대학에 갓 들어간 젊은이가 과감히 학교를 그만두고 창업에 나설 용기를 내지 않았던들 오늘날 마이크로소프트와 빌 게이츠는 존재하지 않았을 것이다.

남이 만들지 않는 프로그램, 남이 감히 생각조차 못 하는 새로운 프로그램을 만들어냈다. 이것이 가장 중요한 공헌이고 빌 게이츠를 위대한 창업자요, CEO요, 자선가로 만들었다. 곧 그가 존경을 받는 가장 중요한 핵심은 '창의력'이다. 다른 어떤 조건도 이를 압도할 수 없다. 그의 독창적인 프로그램은 인류 역사를 바꾸어놓았다. 어느 대학 출신이냐는 전혀 의미가 없다. 전공도 아무런 상관이 없다.

빌 게이츠가 나타났다고 하면 언론에서 난리를 피우는 게 다반사다. 그런데 정작 그를 보면 정장도 아니고 넥타이도 매지 않은, 청바지에 터틀넥 셔츠를 입은 여느 자영업자의 편안한 차림이다. 이는 무엇을 의미하는가? 그의 캐주얼 정신은 곧 자유로움이다. 사고의 자유, 표현의 자유를 만끽하고 싶어 한다. 남에게 구애받지 않는 자유정신에서 비로소 창조가 가능하다.

우리는 고정관념의 틀을 깨고, 학벌의 틀을 깨고, 자유정신으로 생각하고 행동하는 제2, 제3의 빌게이츠를 길러내야 한다. 이것이야 말로 우리나라가 살아남고 더 발전하는 길이다.

우리 아이는 학습 노동자인가?

: 선행학습의 효과를 묻는다

외국 기자, 한국 교육의 병폐를 지적하다

우리나라 부모들은 지금 마음이 급하다. 초등학교에 들어가자마자 중학교 과정을 준비시키고, 초등학교 고학년이 되면 고등학교 입시를, 중학교에 들어가면 대학입시를 준비하게 한다. 왜 우리는 이렇게 조급해졌는가?

요즘은 한 자녀 가정이 많아서인지 아이에게 아낌없이 투자하려는 생각이 크다. 게다가 30~40대 부모들은 경제적으로 좀 여유로운 편이어서 아이에 대한 투자를 아까워하지 않는다. 무엇보다도 우리나라 사람들은 교육을 개인의 자아실현 수단으로 보지 않는다. 이점이 중요하다. 교육을 계층 상승을 위한 수단으로 여기기 때문에 경쟁의식을 바탕으로 가히 투쟁에 임하는 지경이다. 좋은 대학에 가서 좋은 직업, 예를 들어 변호사나 판검사, 의사, 박사, 대기업 간부가 되면 상류층으로 올라설 수 있다. 내로라하고 남부럽지 않게 사는 모습을 다른 사람들에게 보여주려는 경쟁의식이 매우 강하다. 전미국 대통령 레이건의 아들이 무용수라는 사실을 아는 사람은 드물다. 이런 직업은 계층 상승과 관계가 없다.

계층 상승을 위한 욕망은 누구에게나 있다. 그러나 미국이나 유럽의 여러 나라들보다도 각별히 동기가 강해서 우리나라 교육이 왜곡되기 시작했다. 학원사업의 팽창, 고액과외 열풍, 막대한 사교육비 지출, 주입식 교육, 족집게 강사, 숙제대행업, 아이 생활관리 매니지먼트 등 한국에서만 볼 수 있는 사회의 병리현상이 그 결과다.

2008년 8월 초 영국 「파이낸셜 타임스」의 한국 특파원인 아나 파이필드 기자가 「조선일보」의 김민구 기자와 인터뷰하면서 이렇게 말했다.

"한국이 더 빨리 성장하고 싶다면 액셀러레이터에서 발을 떼라."

"한국에는 전속력이라는 단 하나의 속도만 존재한다."

"한국인의 강한 추진력과 에너지는 기술 강국으로 도약하는 원동력이 되었지만 다른 한편으로 많은 사회·경제적 문제를 낳았다."

"한국인은 좋은 학교에 들어가고 좋은 직업과 배우자를 찾아야 한다는 심한 사회적 압박에 시달린다."

그 결과 "한국에서는 열두 살 먹은 어린이가 자정까지 공부하고 부모들이 네 살짜리 자녀의 적성검사 결과를 놓고 대학 전공 선택을 고민하지만 세계경제포럼WEF은 한국 교육의 질을 세계 60위로 평가했다"는 지적이었다.

또한 교육시스템이 성적과 공부에 대한 부담만 줄 뿐 창의력과 분석력, 응용력을 기르지는 못하고 있다고 평했다. 그러한 까닭으로 우리나라는 세계에서 가장 많은 돈, 즉 GDP의 8%를 교육에 쏟아부으면서도 정작 노동생산성은 미국의 40% 수준이고 서비스 부문 생산성은 지난 15년간 정체를 면하지 못하고 있다.

파이필드 기자는 "가속 페달에 올린 발을 살짝 떼고 한국인 특유의 추진력과 인적자본을 더 효율적으로 쓰는 일에 대해서 생각해야 한다"고 충고했다.

선행학습은 부작용이 더 많다

선행학습의 효과를 교육심리학이라는 측면에서 따져보면 허(장점)와 실(단점)이 있다.

장점을 들자면 이렇다. 학습능력에 개인차가 있기 때문에 우수한 아이들, 즉 공부 잘하는 아이들은 영재교육에서 채택하는 것처럼 속진방법(速進方法)을 쓸 수 있다. 속진방법이 말하자면 선행학습이니까 미리 상급학년 공부를 당겨서 하는 것도 가능하다. 그러면 우수한 아이들은 시간 낭비를 하지 않게 되고 개인의 사기를 높이는 데 도움이 된다. 입학시험을 대비할 때도 시험 날짜가 가까워진다는 이유로 허둥지둥할 필요가 없이 안정적으로 시험에 임할 수 있다. 선행학습을 해놓으면 반복연습을 위한 시간 여유가 생긴다. 또한 다음 단계에서 학습 내용을 이해하기가 좀더 수월해진다.

단점도 없지 않다. 누구에게나 효과가 있는 것은 아니기 때문에 우수한 학생이 아니면 학습 부담만 가중시킬 뿐이다. 과외공부를 위한 교육비 지출도 엄청나다. 정상적인 학교수업에 대한 흥미를 잃게 되며, 학교에서 배우는 내용과 선행학습에서 배우는 내용이 서로 간섭함으로써 학습 효과를 떨어뜨리는 결과를 초래하기도 한다. 교육 과정이 5년마다 바뀌는 점을 고려하면 미리 공부해놓는다고 그 내용이 시험에 나온다는 보장이 없다. 자칫 헛수고를 하는 꼴이 될지도 모른다. 무엇보다도 가장 효과적인 학습 방법은 그날그날 배운 내용을 '완전학습' 하는 것이다. 공부한 당일이나 그 주에 반복해서 완전히 익혀두어야 기억장치에 오래 간직할 수 있다.

새벽 2시까지 과외공부를 하는 학습 중노동자에게 선행학습까지 강요하는 것은 심적으로, 그리고 신체적으로 큰 부담을 준다. 학습이 즐거워야 효과적인 법인데 강요된 학습에서 무슨 즐거움을 얻겠는가? 그것은 일종의 강제노동에 지나지 않는다.

2008년 12월 10일자 「조선일보」에 실린 국제교육성취도평가협회 IEA의 '2007 수학·과학 성취도 추이 변화 국제비교연구TIMSS' 결과에 따르면 우리나라 중학교 2학년 학생들의 수학 성취도가 세계 2위, 과학 성취도가 세계 4위를 기록했다. 반면 '수학에 대한 자신감과 즐거움' 면에서는 조사대상인 49개국 중에서 43위, '과학이 즐겁다' 는 학생의 비율은 29개 조사대상국 중에서 29위로 최하위였다. 우리나라 학생들은 외국 학생들에 비해 수학과 과학을 꽤 잘하는 편이지만 공부에 대한 자신감이나 흥미는 별로 느끼지 못하는 셈이다.

상황이 이렇다면 우리는 미래에 무엇을 기대해야 하겠는가?

04

공부에 감동을 주어라

아이들은 이럴 때 감동한다

인간은 오직 한곳에 집중하고 전념할 때만큼 행복한 때가 없다. 왜냐하면 다른 근심 걱정을 덜어주고, 잊게 해주고, 대상과 나 사이에 경계가 없어지기 때문이다. 그런 경험을 많이 할수록 사람은 더 창조적이 될 수 있다. 그런데 한국의 학교에서는 아이들이 세계에서도 유래가 없을 정도로 공부에 많은 시간을 들이지만 그 공부가 전혀 즐겁지 않다. 다들 공부를 의무로 여기고 공부를 노동으로 생각한다. 새벽 2시까지 학원에서 공부하게 하는 학부모들이나 그렇게 돈을 버는 학원 사업자들이나 이 같은 실정을 묵인하는 교육행정 당국이 모두 아이들을 지치게 하고 공부를 노동으로 만드는 공범이다.

젖먹이는 자기 배설물을 가지고 놀면서도 즐거워한다. 배설물이란 자신이 만들어낸 작품이기 때문이다. 하물며 성숙한 인간이 공을 들여 창의적으로 만들어놓은 자신의 작품에 대해 얼마나 큰 감동을 느끼겠는가? 그런 감동을 많이 느낄수록 삶의 보람이 커지는 법이다. 공부도 마찬가지다. 공부를 많이 할수록 더 많이 알고, 더 깊이 깨닫고 깨치기 때문에 큰 기쁨과 감동을 느끼게 된다. 그런데 우리는 사정이 정반대다. 공부를 많이 할수록 지겨워지고 재미가 없다.

우리나라는 단시일에 선진국을 따라잡기 위해 요약된 지식을 달달 외우는 방식으로 공부해왔다. 그런 습관에 반세기 이상 젖어 있다 보니 매사를 똑같은 방식으로 처리해온 것이 사실이다. 그러나 이제는 양만이 아니라 질을 생각해야 한다. 이때 필요한 것이 바로 수월성(秀越性)이다.

수월성이란 아이들의 잠재력과 창의력을 개발해 사회에 공헌하게 하는 교육이다. 그러려면 단순한 학원식의 과외 교육으로는 안 된다. 특정 분야나 과목에서 잠재력을 충분히 발휘하도록 교육의 질을 높여야 한다. 얼마나 많은 지식을 습득하느냐는 중요하지 않다. 지식으로 문제를 해결하고, 새로운 것을 만들어낼 줄 알아야 한다. 그렇지 않으면 그 지식은 별로 가치가 없다.

아이들은 다음과 같을 때 감동을 받는다.

• 새로운 지식이나 사실을 발견했을 때
• 과거에 알고 있던 지식이나 정보가 잘못되었다는 사실을 알게 되

었을 때(실망보다는 감동이 더 크다)

- 자신이 발견했거나 발표한 것에 대해 선생님이나 친구들이 인정해주고 칭찬해주었을 때
- 자신이 한 일(그림, 작문, 노래 등)에 대해 스스로 만족했을 때
- 영화나 연극, 비디오를 감상했을 때, 소설이나 시를 읽었을 때, 미술작품이나 건축물을 감상했을 때
- 친구 혹은 다른 사람의 선행이나 희생정신에 대해 들었을 때

그런데 가만히 생각해보면 학교나 가정에서 아이들이 감동할 일들이 생기기란 쉽지 않다. 아이들의 학교생활이 무미건조하고 지겨운 것은 그 때문이다. 공부가 재미없고, 선생님들도 지겨워 보인다. 결국 이런 식의 공부(학습과 교육)는 실패로 끝나기 쉽다.

우리의 현실을 모르는 사람이 한국의 교육 세태를 본다면 이렇게 생각할 것이다.

공부라는 멍에를 지워 아이들을 혹사시키는 나라, 공부에 들이는 시간과 노력의 대가가 시원치 않는 나라, 공부는 집이나 학원에서 하고 학교는 잠자는 곳인 나라, 학교가 아이들의 시간을 묶어두기만 할 뿐 재미라고는 전혀 없는 나라, 외우고 이해하고 시험 치는 방법만 가르치지 생각하고, 문제를 해결하고, 실험하고, 창작하고, 비판하고, 표현하는 방법은 가르치지 않는 나라, 우물 안 개구리처럼 자기 앞가림하는 방법을 가르칠 뿐이지 이웃, 다른 사람, 다른 나라, 세계 문제는 별로 관심 있게 교육하지 않는 나라. 여기에 우리의 맹

점이 있다.

궁극적으로는 희열을 경험해야 교육이 성공한다

우리의 교육은 목적이나 목표부터 교육 내용, 방법, 환경에 이르기까지 어느 한구석도 만족스러운 부분이 없다. 학교생활이, 공부가 즐거워지고 자신의 성취에 대해 만족할 수 있으면 그것만으로도 교육은 성공한 것이다. 그런 만족감이 원초적인 동기가 되어 다음 단계의 모든 학습을 순조롭게 만든다. 오늘날 즐거움이 없는 학습이 인생의 낭비로 끝나버리고 마는 것은 아닌지 걱정이다.

교육이 단지 생활의 일부가 아니라 인생의 목적이 될 것이다. 빠른 시대 변화와 정보통신기술의 발달, 그로 인한 지식기반사회의 도래, 평균 수명의 연장 등으로 계속해서 공부하지 않으면 따라가지 못하기 때문이다. 사람은 평생 공부하면서 살아야 한다. 그러지 않으면 적응하기 힘들다. 나이를 먹고 자녀, 손자, 젊은이 들과 대화조차 할 수 없게 될 것이다. 사회생활도 커다란 난관에 부딪히게 된다. 그런 의미에서도 교육은 수단이 아니라 삶의 목적이다.

교육은 즐거운 경험이 되어야 한다. 그래야 일생 동안 유지할 수 있다. 수단으로만 여기면 교육은 지루하고 성가시고 귀찮은 일이 되어버리고 만다. 자신을 끊임없이 성장시키고 변화하게 만드는 것을 즐거움으로 받아들여야 한다. 그러자면 먼저 학교교육을 즐거운 경험으로 만드는 방법을 연구해야 할 것이다. 즐거우면 강한 성취동기가 유발된다.

여기서 말하는 희열은 단순히 즐거운 것, 재미있는 것, 만인을 즐겁게 하는 것이 아니라 자신을 잊는 것, 근원적인 희열을 의미한다. 그렇다면 자신을 잊게 하는 교육이란 무엇일까? 근원적인 희열을 맛보게 하는 교육이 과연 가능한가?

간단히 말하자면 '푹 빠져서 골똘하게 뭔가에 미치게 하는 교육'이 해답이다. 그러기 위해서는 자신이 정말로 하고 싶은 것이라야 한다. 하기 싫은 것을 억지로 강요당하면 도리어 공부에 대한 거부감만 쌓이게 된다.

공부는 어렵게 가르치면 안 된다. 학교 교과서는 얇은 만큼 지식이 압축되어 있다. 그 압축된 지식을 이해시키려면 주입식으로 암기하게 하거나, 실험, 실습, 시범, 프로젝트 방법을 통해 학생 스스로 터득하게 하거나, 시청각 매체를 이용해야 한다. 현재 우리 교육은 주입식 암기가 주된 방법이다. 이치를 모르는 채 외우고, 외운 것을 내 것으로 만들기 전에 답안지에 쓰고 잊어버린다. 그러니 공부가 재미있을 턱이 없다.

우리의 역사를 보면 대개 엄숙한 분위기에서 교육이 이루어졌다. 즐거움, 희열, 기쁨, 몰입 같은 요소가 끼어들 분위기가 아니었다. 특히 조선시대에는 유교적 윤리 교육이 주류를 이루었다. 윤리 교육이란 대체로 엄숙하다. 웃는 것, 우는 것, 슬퍼하는 것, 기뻐하는 것, 화내는 것 등 자기표현은 억제되었다. 체제 우위의 왕권 중심 사회

였던 탓에 교육도 엄숙했다. 이런 엄숙한 문화에서는 개인적인 경험을 존중하는 것이 체제를 위협할 수 있다.

우리나라 대부분의 부모들이나 학생들은 좋은 대학 나와서 대기업에 들어가 돈과 지위를 얻는 것, 의사나 변호사 같은 전문직에서 고소득을 얻는 것을 가장 큰 목표로 삼고 있다. 그런데 알고 보면 이런 직업들은 비창조적인 일을 주로 한다는 공통점이 있다. 또한 MBA, 의사, 변호사, 판사, 검사, 공무원 등은 모두 시험을 통해 자격을 획득하는 직업이다. 이때 시험이란 제도는 동조성을 요구한다. 제도나 체제에 맞추어야 하고 법이나 판례, 관례에 맞추어야 한다. 개인의 창의적인 아이디어는 그다지 중요하지 않다.

틀에 맞추는 것은 즐거운 경험이 못된다. 시험 치고 올라가는 제도는 공부하는 사람에게 즐거움을 주지 않는다. 사람은 창조에서 무한한 기쁨을 경험한다. 성공하려면 무엇보다도 즐거움을 느껴야 하고, 바로 이것이 중요한 원동력이 된다.

SKY가 아니라 STAR를
목표로 하라

하늘이 아니라 별을 보고 가자

일명 SKY는 Seoul University(서울대)의 S, Korea University(고려대)의 K, Yonsei University(연세대)의 Y를 합성한 말이다. 언론에서 잘 쓰는 신조어다. '하늘'이라는 뜻이니까 들어가기가 마치 하늘의 별따기만큼 어렵다는 의미도 되고, 하늘만큼 높은 평판을 대한민국에서 얻고 있다는 의미도 된다.

수험생을 둔 많은 학부모들이 자녀들을 이 SKY 대학에 보내고 싶어 한다. 여기에는 여러 가지 이유가 있겠지만 지금 굳이 그것을 언급하려는 것은 아니다. 다만 SKY 대학에 가겠다고 결정하기까지의 과정에 대해 말하고 싶을 뿐이다.

우리나라는 직업을 택하거나 진학을 결정할 때 학업성적을 먼저 거론한다. 학교도 그렇고, 학부모도 그렇고, 입시학원에서도 그렇다. "그 점수 가지고 어디를 가?" "그 점수면 ××대학은 되겠다." "적어도 ××대학은 가야지." "그 정도는 되어야 취직하기도 좋고 결혼에도 유리하지." "거기 나와서는 사회에서 대접받기 어려워 재수 삼수를 하더라도 SKY에 가야지." 진로를 결정할 때 이런 대화가 오가는 것이 보통이다. 장차 내(네)가 무엇을 하면서 살 것인가, 나(네)는 정말로 무엇이 되고 싶은가, 내(네)가 하고 싶은 것은 무엇인가, 내(네) 일생을 걸고 할 만한 일이 무엇인가는 묻지 않는다. 진정한 자기(자녀) 내면에 대해서는 질문하지도 대답하지도 않은 채 학교를 먼저 선택하는 것이다.

SKY 대학들의 입학정원은 수능시험 지원자의 50분의 1 정도에 지나지 않는다. 누구나 갈 수 있는 대학이 아니다. 지원자 비율도 3.5대 1 정도니까 지원자 중 3~4만 명은 불합격한다. 떨어지는 사람이 몇 배는 더 많다. 불합격자들 중에는 재수를 선택하는 사람들도 생기고, 또 나머지는 다른 대안을 생각한다. 이른바 성적이 좀 낮아도 들어갈 수 있는 대학이다. 이때도 자신에 대한 진지한 검토는 없다. 점수로 결정한다. 그것이 현실일지 몰라도 인생을 거는 일이니만큼 좀더 진지해져야 하지 않을까?

부모들도 마찬가지다. 대개는 다시 학원으로 보내 달달 외우는 족집게식 시험 준비를 시킨다. 그들의 머릿속에는 아이들이 과연 무엇을 하고 싶어 하는지, 무엇이 되고 싶어 하는지, 무엇을 하면서 일생을 살아가려고 하는지에 대한 고민이 많지 않다.

　외국의 학자가 한국 교육에 대해 평하기를 "한국 사람들은 지위 지향적인 교육을 하지 성취 지향적인 교육을 하지 않는다"고 했다. 무슨 자리나 차지하려고 교육에 투자할 뿐 무슨 일을 하기 위해 교육에 투자하는 것이 아니라는 말이다. 그러다 보니 자리를 차지하고 나면 더 이상 공부를 안 한다. 반면에 일하기 위해 공부하는 사람은 일생 동안 계속 전문성을 키워간다. 그래서 글로벌 인재로 성장하는 것이다.

STAR로 가면 SKY가 아니어도 성공한다

　과연 '대학 간판'이 아이들의 인생 문제를 해결해줄까? 결코 아니다. 좋은 자리? 높은 수입? 이것은 영원하지 않다. SKY가 행복을 가져다주는 자동장치는 아니다. 요즘은 기업이나 공공기관의 직원 모집 원서에 나이, 학력, 본적을 쓰지 않는 곳도 많다. 외적 조건보다 전문지식, 어학 실력, 창의력, 폭넓은 교양, 인성 등을 더 중요하게 따진다. 심층면접을 통해 이런 능력을 평가한다. SKY 대학을 다녔다고 모든 문제가 해결되지는 않는다. 가장 기본이 되는 지적 능력, 가치 있는 지식, 문제해결력 같은 것이 그 중요성을 인정받기 시작한 것이다.

　이제 무슨 대학이라는 간판이 아니라 성공할 수 있는 '기본 실력'

을 길러두는 편이 인생을 살아가는 데 훨씬 유익하다. 바로 STAR이다. 여기서 STAR가 의미하는 바는 이것이다.

S: Sensibility(감성), Sensitivity(감수성)

T: Thinking Ability(사고능력)

A: Adjustability(적응력)

R: Re-creation Ability(재창조력)

감수성, 감성은 변화에 대한 민감성이나 가치감각을 말한다. 이러한 감각이 있으면 모든 일에서 앞장서 나아갈 수 있다. 이는 학교에서 배우는 것이 아니라 모든 일에 폭넓은 흥미를 가지고 관찰하고 탐구하고 공부하는 사람에게 있는 것이다.

사고력(사고력과 문제해결력은 매우 비슷한 성격을 띤다)은 당면한 문제를 합리적으로, 때로는 비약적인 사고의 전환으로, 때로는 창의적으로 해결하는 능력이다.

적응력은 자신이 처한 상황이 아무리 급격하게 변하더라도 살아남는 능력이다. 이 능력을 지녀야 글로벌 시대에 어디를 가도, 무엇을 해도 이겨내고 잘할 수 있다.

재창조력은 이미 있는 것만을 가지고 해결할 수 없는 상황에서 새로운 것(제품, 제도, 작품, 발명품 등)으로 도전하는 능력이다.

우리는 SKY에 집착하기보다 어릴 때부터 STAR를 길러놓는 일이 얼마나 중요한지 깨달아야 한다. 글로벌하게 성공을 거둔 '비', 일본에서 성공하고 미국으로 진출한 '보아' 같은 가수는 이미 세계적인 아티스트가 되었다. 이들이 SKY 대학 출신이란 말을 들은 적이 있는가? 이들이 성공하게 된 배경은 이것이다.

- 자신(아이)이 정말 하고 싶은 것을 했다.
- 자신(아이)이 제일 잘할 수 있는 것을 했다.
- 그 일을 하는 데 주변 조건이 받쳐주었다.

주목해야 할 것은 대학은 별로 중요하지 않다는 점이다. 학교 이름에 얽매이지 말고 자신이 정말로 하고 싶은 일을 창조적으로 해낼 때 성공할 수 있다. 앞으로는 SKY보다 STAR를 보고 아이들을 교육해야 함을 마음에 새겨야 할 것이다.

06

경쟁상대를 글로벌 타겟으로 정하라

같은 반이 아니라 이웃나라, 먼 나라 아이들을 상대하라

아파트가 우리나라의 보편적인 주거 형태가 되면서 우리는 아침 저녁으로, 혹은 하루 종일 윗집, 아랫집이 어떻게 사는지를 훤히 들여다보게 되었다. 자연히 경쟁의식이 생긴다. '어느 집에 새로 독일제 피아노가 들어오더라.' '40인치짜리 평면 LCD 텔레비전이 들어오더라.' 시시각각 변하는 이웃집의 상황을 다 알지 않는가? 특히 자녀가 같은 또래인 경우에는 공부를 잘하는지 비교하고 싶어지는 것이 부모의 마음이다.

이웃 사람들과 관계를 맺으면 두 가지 효과가 나타난다고 한다. 하나는 상대방을 모방하는 행동이고, 다른 하나는 경쟁의식이다. 그러다 보니 "뱁새가 황새 따라가려다 가랑이가 찢어진다"는 속담이 따로 없다. 이웃 아이가 하는 대로 따라 하다가는 자식들도 고단하고 돈도 많이 든다. 이런 걸 한국의 부모들과 아이들이 참아내고 있다. 사교육비가 가계의 12%를 차지해도 다른 생활비를 줄일지언정 교육비는 안 줄인다. 대단한 한국의 부모들이다. 이웃집 아이보다 더 좋은 학원, 더 좋은 선생, 더 비싼 곳, 더 유명한 곳을 계속 찾아다닌다. 그렇게 경쟁의식은 과열되어간다. 돈은 점점 더 많이 들어가고 부모는 부모대로, 아이는 아이대로 갈수록 고달프기만 하다.

우리나라 부모들은 집에 앉아서 세계의 온갖 정보들을 검색한다. 이렇게 일반적인 관심은 글로벌한데 아이들의 교육에 관한 한 바로 이웃집 아이에게만 초점을 맞춘다. 안목이 폐쇄적이라는 말이다. 같은 반의 다른 아이나 같은 학년의 다른 반 아이가 경쟁자다. 이제 이들과 경쟁시키는 일은 그만두자.

"아빠가 사장인가 뭔가 한다는 아이 있지? 걔한테는 지면 안 돼!"

"네 반의 35명 정도도 못 이기면 어디 가서 명함을 내밀래?"

"이번에는 봐준다. 다음 학기에는 3등 안에 들어가야 돼. 알았지?"

"너 ○○ 좀 봐! 걔는 뭐가 잘났다고 뽑혔어? 니가 걔보다 어디가 못나서!"

이런 옹졸하고 쓸데없는 경쟁은 그만 하자. 아이들에게 경쟁의식을 부추기려면 차라리 미국, 영국, 독일, 일본, 중국, 프랑스 등 우리나라보다 선진국의 아이들과 경쟁을 붙이자. 그 편이 스트레스도 적으며, 대범하고 길고 넓은 안목을 갖게 만든다.

"미국 아이들이라고 별것 있겠어? 한번 해보는 거야. 어때? 해볼 만하지?"

글로벌 경쟁 시대인 21세기에는 부모의 폭넓은 시선이 필요하다.

어제보다 더 발전하는 우리 아이

과거와 경쟁하다니 이것이 무슨 말인가? 간단히 말하면, 자신의 성취가 어제보다 오늘 더 발전하고 작년보다 금년에 더 나아져야 한다는 말이다. 비교하되 남이 아닌 자신의 과거와 비교하는 것이 더 속편하고 현실적으로 도움이 된다.

이러한 마음가짐, 태도, 신념을 가지려면 나름대로 가치관이나 기준이 있어야 한다. 누가 뭐래도 나는 내 기준으로 아이를 키운다는 배짱과 자부심을 가지고 실천해나가야 한다는 말이다. 이런 태도를 유지하면 아이들도 덜 흔들리고 덜 초조해한다. '다른 아이들에 비해 이 부분은 좀 떨어지지만 다른 것은 더 잘하니까 괜찮다' 하는 굳은 심지를 일구어나갈 수 있으며, 궁극적으로 좋은 결과로 이어질 것이다.

10여 년 전, 그러니까 모 대학 교수로 있던 사람이 외국에서 박사 학위를 취득하고 귀국해 3~4년쯤 되었을 때의 일이다. 명문 사립 초등학교 5학년에 다니는 그 집 큰아들이 공부를 잘해 전교에서 1, 2등을 할 만큼 똑똑했다고 한다. 그런데 하루는 아버지가 아들의 공부방을 무심히 열어보고는 아연실색했다. 책상 위에 무슨 구호 같은 것이 붙어 있기에 들여다보니 늘 1, 2등을 다투던 친구의 이름이 적혀 있더란다. "○○를 때려잡자!"라고 쓰여 있었던 것이다.

아버지는 너무 놀랍고 부끄러워서 어쩔 줄 몰랐다고 했다. 그래서 저녁에 아들을 불러놓고 야단을 쳤다.

"얘, 친구를 때려잡자가 뭐냐? 그렇게 살아서는 안 돼!"

그랬더니 아들이 하는 말.

"아빠! 세상은 다 그런 것 아닌가요? 걔도 날 그렇게 볼 건데 뭐? 내가 지면 걔가 이기고, 내가 이기면 걔가 지는 거죠. 내가 아니어도 누군가와 또 경쟁하게 되어 있는데 뭘 그렇게 심각하게 생각해요?"

그해 여름, 설악산에 놀러 가서 비선대에 앉아 물에 발을 담그고 있었다. 그때 그 경쟁관계에 있는 친구가 옆으로 지나갔다. 그런데 눈이 마주치자 두 아이 모두 서로 눈길을 피하면서 외면하더라는 것이다. 아버지는 염려하며 말했다. "그러면 되니? 친군데 반갑게 인사라도 해야지. 객지에 와서까지 경쟁하기냐?"

"피장파장이지요, 뭐. 쟤도 나한테 인사 안 하는데 나라고 먼저 할 필요 있어요?"

아들이 하는 말에 교육자인 아버지는 한없이 부끄러웠다. 과연 아이를 이렇게 길러서 장차 어떤 어른으로 성장할까를 생각하면 소름이 끼치더라는 것이다.

우리나라 사람들은 아이들의 교육에 관해선 이상한 함정에 빠져 있다. 그리고 일단 함정에 빠져들면 헤어 나오지를 못한다. 함정이란 바로 "밀리면 끝장이다", "왜 내가 밀려?" 하는 경쟁의식과 강박관념이다. 그러다 보니 함정에 빠진 부모들끼리 지지고 볶고 난리를 피우게 된다.

필자의 한 사람은 세 아들에게 지름이 40센티미터 정도 되는 지구본을 하나씩 사주면서 이렇게 말해주었다.

"지구가 한 덩어리라고 보고 살아라. 우물 안 개구리처럼 조그만 웅덩이에서 복작대지 말고 지구인, 세계인이 되어 문제를 생각할 수 있어야 한다. 이른바 글로벌 퍼스펙티브global perspective, 즉 지구적 조망을 가지고 시간적으로나 공간적으로 넓게 멀리 볼 수 있어야 미래의 지도자가 될 수 있다."

결국 40명 중에서 1등을 해봐야 별로 소용이 없다. 눈에 보이지 않는 무수한 상대를 의식하지 못하고 눈앞에 보이는 것들에 급급해서는 큰 인물이 되지 못한다.

창의력이 우리 아이의
생존을 좌우한다

"개인이건 기업이건 앞으로 살아남기 위해서는
눈에 보이지 않는 것을 기발한 상품이나 서비스로
만들어내는 상상력이나 구상력을 갖추어야 한다."
오마에 겐이치(大前研一 : 일본의 대표적인 컨설턴트)

새롭고 가치 있는 것을 만들어야 살아남는다

2008년 가을, 미국에서 시작된 부동산 서브프라임 모기지의 부실 사태로 인해 전 세계가 경제위기에 빠져들었다. 우리도 마찬가지다. 온 나라가 야단인데 뾰족한 해결방법이 없어 더욱 혼란스럽다. 노벨 경제학상을 받은 그 많은 학자들은 다 어디로 갔는지. 가장 수상자가 많다는 미국조차 거의 속수무책이다. 이때 우리에게 진정 필요한 것이야말로 창의적인 문제해결력이다.

경제계는 국민을 먹여 살릴 새로운 산업에 골몰하고 있다. 이것이 아니면 앞으로 어떻게 살아야 할지 알 수가 없어 걱정이 태산이다. 세계 최고 수준이라고 할 만한 우리나라의 조선, 가전, 휴대전화, 반

도체, 자동차 산업이 지금 우리를 잘 먹여 살리고 있다. 하지만 중국과 여타 후발주자들이 바짝 추격해오고 있으며 조만간 추월당할 가능성도 없지 않다. 비슷한 기술에 값싼 제품이 들어오면 경쟁에서 질 게 뻔하다. 앞으로 10년 후에 우리는 무엇으로 먹고살아야 하는가? 정부 관료와 기업인, 엔지니어 들에게 창의력이 요구된다.

문학, 미술, 음악, 연극, 영화, 뮤지컬, 무용, 게임, 출판 같은 문화콘텐츠는 여전히 경쟁력이 떨어진다. 아직까지도 외국의 것을 들여와 번역해 공연하거나 겨우 번안 정도를 해서 사용할 뿐이다. 문학도 외국 작품이 더 많이 소개되고 더 많은 시장을 점유하고 있다. 다른 장르도 비슷한 형편이다. 우리는 밤낮 로열티를 주고 남의 것을 베끼거나 번역해야 하는가? 언제까지 이 일을 반복해야 하는가? 여기에서도 창의력이 요구된다.

대학교수들이나 연구자들은 어떤가? 그들도 마찬가지다. 창의적인 연구가 드물다. 창의적인 아이디어를 계속 창출해내고, 논문을 발표하고, 제품으로 증명해야 인정을 받는다. 그래야만 과학기술이 발전한다. 이 부분에서 발전이 없으면 늘상 남의 나라에 신세를 져야 된다. 돈 주고 기술을 사거나 비싼 돈을 주고 기술자를 모셔 와야 한다. 그러면 영영 후진국, 가난한 나라에 머무를 수밖에 없다. 국제적인 치열한 경쟁에서 살아남으려면 창의력 있는 인재를 길러야 한다. 더 이상 남이 만들어놓은 것을 보고 흉내나 내어봐야 우리에게 미래는 없다.

나에게 창의력이란 어떤 의미인가

여러 말이 필요 없다. 무슨 일을 하든 성공하려면 창의력은 '필요충분조건'이다. 남이 하는 것을 똑같이 되풀이한들 발전을 기대하기 힘들기 때문이다. 사람들, 다시 말해 우리의 복지와 행복을 위해 더 편리하고, 더 가치 있고, 더 아름답고, 더 쾌적하고, 더 싸고, 더 많은 감동을 전하는 제도, 법률, 절차, 제품, 기술, 서비스, 도구, 일용품, 예술작품, 생활문화를 만들어내야 한다. 그러려면 새로운 것을 창조할 실력을 갖추어야 하지 않는가?

자, 어떤 사람이 창의적으로 새로운 것을 창조해낼 수 있을까?

조앤 롤링Joanne K. Rowling은 판타지 소설인 『해리 포터』 시리즈를 써서 매일 10억 원씩 인세를 받고 있는 작가다. 롤링이 벌어들인 돈이 2007년 한 해에만 3,000억 원이 넘었다. 롤링은 어떤 사람인가? 상상력이 그를 세계적인 작가이자 갑부로 키워냈다. 2008년 6월 미국 하버드대 졸업식에 초청되어 연설하면서 롤링은 상상력에 관해 이야기했다.

문학작품을 비롯해 과학기술에 이르기까지 상상력과 창의력이 없으면 경쟁에서 밀리게 되어 있다. 개인도 그렇다. 남을 따라 하기만 하고, 모방만 하고, 늘 하던 식으로만 일하고, 외워서 하기에 바쁘고, 모험을 꺼리고, 새롭게 바꾸기를 싫어하면 경쟁에서 살아남지 못한다. 개인 생활에서도 발전을 기대하기 힘들다.

맞다. 창의력, 창의력 하는 이유가 이것이다. 그리고 어릴 때 창의력이 얼마나 중요하고 가치 있으며 또 보람을 느끼게 하는지를 경험하고 깨닫는다면 문제해결에서 뛰어난 솜씨를 발휘하는 어른으로 성장하게 될 것이다.

"수동적인 것에 익숙한 한국 학생들은 창의력을 발휘하는 데 한계가 있다. 창의력을 발휘하도록 하는 교육 프로그램의 개발이 시급하다."

핀란드의 헬싱키 예술·디자인 대학 총장인 위리에 소타마Yrjo Sotamaa의 말이다. 우리 교육계가 귀담아들어야 할 충고다.

자유가 창의력의 시작이다

"자유가 없다면 눈이 있으나 입이 있으나 없는 거나 다름이 없다.
손이 날래고 발이 튼튼하다 하더라도 아무 보람이 없다."
한용운(시인)

1. 창의력을 자유롭게 하라

영국의 철학자인 로빈 콜링우드Robin G. Collingwood는 "완전한 자유는 스스로 일하면서 살고, 그 일 속에서 자신이 하고자 하는 바를 하는 사람에게 돌아간다"고 말했다. 창의력은 자신이 하고 싶은 대로 할 때 가장 잘 발휘되는 속성이 있다.

아이들을 지나치게 닦달하고, 주입식으로 가르치고, 어른이 시키는 대로 하도록 강요하고, 심하면 어른의 흉내를 그대로 요구하는 식으로는 창의적인 아이를 기를 수 없다. 그래봐야 어른의 아류를 만들 뿐이지 아이의 개성을 드러내는 독창적이고 창의적인 아이디어를 만들어내거나 독특한 표현능력을 기르기 어렵기 때문이다.

2. 생각하는 자유를 부여하라

"얘, 넌 뭘 그렇게 골똘하게 생각하고 있니? 공부는 안 하고?" 혹은 "생각할 것 없어. 빨리 하기나 해!" 혹은 "그 따위 생각이 어디 있어? 집어치워!" 혹은 "그걸 생각이라고 하는 거야?" 하는 식으로 말하면 생각하는 것은 미덕이 아니라 악덕이 되고 만다.

"너, 좀더 생각해봐.""생각하는 것은 즐거운 일이야. 그래야 뭔가 더 좋은 답을 만들어낼 수 있지 않겠니?""생각하고 또 생각해봐. 깊이 생각해봐.""이 세계는 깊이 생각하는 사람들이 만들어가는 거란다.""좀 생각해보고 결정하자.""내일 다시 생각해보자.""이렇게 생각해보면 어떨까?""그렇게도 생각되지만 이런 생각도 해볼 만해." 이렇게 생각하는 아이로 기르면 문제를 해결하는 과정에서 생각(사고)하는 버릇과 능력이 자라난다.

서울대 황농문 박사의 말을 들어보자.

"1분밖에 생각할 줄 모르는 사람은 1분 걸려서 생각할 수 있는 문제밖에 못 푼다. 60분 생각할 수 있는 사람은 그보다 60배나 난이도가 높은 문제를 해결할 수 있으며, 10시간 생각할 수 있는 사람은 그보다 600배나 난이도가 높은 문제를 해결할 수 있다."

모든 창조적인 작품은 남과 다른 생각을 했을 때 탄생한다. 다른 생각이란 자기 자신만이 해낼 수 있는 별난 생각(사고), 엉뚱한 생각, 독특한 생각이다. 이제 생각하고 표현하도록 아이들을 부추겨야 할 때다. "다른 사람이 무슨 생각 하고 있을까를 생각하지 말고 네 의견을 말해봐.""머리에 떠오르는 생각이 있으면 서슴없이 말해봐. 틀려도 괜찮아. 모든 사람이 다 옳은 생각만 하는 것은 아니잖니?""눈치 보지 말고 말해도 돼."

정말로 창의적인 아이로 기르고 싶은가? 그렇다면 생각하는 힘을 기르도록 해야 한다. 먼저 부모의 말투부터 바꾸자.

"해라!"에서 "하는 것이 어때?"로,

"왜 안 해?"에서 "안 하면 결과가 어떻게 될까?"로,

"아빠 엄마가 시키는 대로 해!"에서 "너는 어떻게 생각하니?"로,

"남들이 하는 대로 따라서 해!"에서 "너 나름대로 생각해보고 결정해!"로,

"유별나게 굴지 말고 무난하게 굴어!"에서 "너만이 특별히 잘할 수 있는 것을 해!"로,

"생각해서 뭘 해?"에서 "생각할수록 좋은 답을 얻게 돼"로.

부모가 말투를 바꾸고 태도가 달라지면 문제해결에 접근하는 아이들의 방법 자체에 변화가 나타나기 시작할 것이다.

3. 표현은 자유롭고 풍부하게 하라

생각한 것(아이디어 · 사상)이나 느낀 것(감정 · 정서)을 말이나 글(언어)로, 몸짓이나 동작(퍼포먼스 · 무용)으로, 노래(음악)나 작품(그림 · 조각)으로 자유롭게, 다양하게, 풍부하게 표현하도록 하자.

우리나라는 전통적으로 희로애락을 얼굴에 나타내거나 행동거지를 경망스럽게 놀리는 것을 미덕으로 여기지 않았던 탓에 표현예술이 별로 발달하지 못했다. 다만 서민층의 연희놀이에서만 허용되었을 뿐이다. 그리하여 오늘날까지 탈춤, 풍류, 마당놀이, 산대놀이가 살아남아 민속적 연희가 되었다.

예술적인 표현 충동은 어떤 방식으로든지 드러낼 기회를 마련해 주어야 한다. 이를 위한 좋은 방법 세 가지를 소개한다.

❶ 의견이 있거나 말하고 싶은 것이 있으면 어른들 앞에서도 서슴지 않고 표현하도록 한다.

❷ 아이가 이상한 몸짓을 하고 소리를 지르며 춤을 추더라도 나무라지 않는다. 이 같은 표현은 특별한 느낌에서 출발하는 법이다.

❸ 기쁨, 즐거움, 분노, 환희, 욕구불만, 의기양양, 성취감 등 여러 가지 감정을 드러내도록 한다.

언어, 글, 몸짓, 노래, 그림, 공예 등으로 자신의 생각, 사상, 감정, 의사를 자유롭고 풍부하게 나타낼 수 있는 분위기에서 창의적인 아이가 태어난다. 표현이 억제된 환경에서는 창의력이 자라기 힘들다.

PART **2**

우리 아이
창의력을 높이는
6가지 기술

엄마 이렇게 해주세요
세상 모든 것이 새롭고 신기하다

"창의력은 생후 1년 10개월 된 아이에게도 있다."

무어(More: 미국 심리학자)

"인간에게는 두 가지 지적 능력이 있는데 하나는 이해하는 지적 능력이고,
다른 하나는 창조하는 지적 능력이다.
유아에게는 이해하는 능력보다 창조하는 능력이 더 많다."

장 피아제(Jean Piaget: 스위스 아동심리학자)

"모든 사람은 창의력을 갖고 있지만 지각하지 못하는 경우가 많다.
창의력은 모든 조직의 가장 큰 자산이다. 창의력은 교육될 수 있다."

켄 로빈슨(Ken Robinson: 미국 창의력 개발의 권위자)

가정의 분위기를 바꿔라

"창의력은 주입식으로 길러지는 것이 아니다.
자유로운 분위기에서 가장 잘 길러진다."
"학교나 가정 분위기는 어린이의 마음과
영혼 속으로 스며드는 침투성을 가진 힘이다.
그래서 분위기만으로도 교육 효과는 달라진다."

창의력은 자유로운 분위기에서 싹튼다

아이들은 원래 자유로운 존재다. 물론 지적으로 덜 성숙하고, 정서적으로나 사회적으로 미숙하기 때문에 제멋대로 구는 면이 있지만 간섭과 제재를 잘 받아들이지 않는다. 어릴 때는 자기 하고 싶은 대로 하려고 든다. 여기에 교육이라는 사회화 과정이 끼어들게 된다. 그래서 "그렇게 하면 이 사회에서 살아가기 힘드니 어른들이 가르치는 바를 잘 따라야 한다"고 가르친다. 이것이 교육이다. 그 교육의 방향과 방법이 잘못되면 큰일 아니겠는가? 만일 어린이들의 가능성을 충분히 키워주지 못하고 있다면 잘못된 교육이 아닐까? 우리는 지금 잘못된 교육을 하고 있지 않은지 반성해보아야 한다.

뭔가 새로운 생각(아이디어)을 만들어내고, 새로운 작품을 만들어내고, 남이 미처 생각해내지 못한 일을 꾸미는 능력은 자유로운 발상을 가능하게 하는 분위기에서 길러지는 법이다. 가령 아이가 만들기 놀이를 하고 있다. 부모가 개입해 일일이 잔소리를 하면서 "그건 그렇게 하면 안 돼" 한다든가, "왜 그렇게 해. 내가 하라는 대로 해야지" 핀잔을 준다든가, "그건 틀렸어" 하며 평가적으로 지시만 내린다면 그 만들기 작업은 의미가 없다.

이렇게 하면 어떨까? "그래, 마음대로 생각해봐." "틀려도 괜찮아, 말해봐." "엄마 눈치만 보지 말고 마음대로 생각해봐(그려봐, 만들어봐, 말해봐)."

자극을 주면 아이들은 창의적으로 생각하게 될 것이 확실하다. 지나친 간섭, 주문, 주입, 틀을 요구하거나 부모의 요구에서 벗어난다고 야단만 치면 결코 창의적인 아이로 자라기 힘들다.

정서적 따뜻함이 창의력을 낳는다

교육 면에서 가정 분위기는 크게 세 가지로 나누어진다. 민주적 분위기, 전제적 분위기, 방임적 분위기. 민주적 분위기에서는 아이들이 하고 싶은 말을 마음대로 한다. 행동도 비교적 자유롭다. 전제적 분위기에서는 말을 하고 싶은 만큼 하지 못하고. 부모의 눈치를 많이 본다. 방임적 분위기에서는 뭐든 제멋대로다. 통제가 어렵다.

독불장군만 있다. 다시 말해 민주적 분위기는 자유롭고 부드럽고 융통성이 있으며 말랑말랑하다. 전제적 분위기는 딱딱하고 굳어 있고 부자유스럽고 융통성이 없다. 방임적 분위기는 무질서할 뿐이다.

분위기가 민주적인 가정에서는 아이들이 자기 의사를 비교적 자유롭게 표현하고 가족과 잘 소통한다. 자유롭게 생각할 수 있기 때문에 창의적인 생각이 잘 받아들여진다. 그래서 아이들은 표현을 주저하지 않는다. 눈치를 보지 않아도 된다. 많은 다양한 생각을 내놓기 때문에 다른 사람의 의견도 존중할 줄 안다.

민주적 분위기란 개개인의 생각을 존중한다는 철학을 담고 있다. 자기 생각이 맞고 틀리고와 관계없이 생각하고 말하는 분위기다. 민주적 분위기는 대체로 격려와 칭찬이 많기 때문에 따뜻하다. 사회도 마찬가지다. 권위적인 사회에는 획일만 있고 일용품도 디자인이 똑같다. 개성과 다양성을 허용하는 민주·개방주의 사회에서 디자인도 다양성을 띠게 된다.

정서적으로 따뜻한 분위기란 무엇인가

정서적으로 따뜻한 분위기란 아이들의 실수를 과장해 탓하거나 나무라거나 벌을 주거나 야단치지 않는 분위기를 말한다. 아이들은 실수를 통해 배운다. 실수를 확대재생산함으로써 용기를 꺾고 사기를 죽여서는 안 된다. 예를 들어 "이걸 사람이라고 그렸어? 이런 사람 봤니?" 하기보다는 "이런 사람도 있구나! 다른 친구들이 그린 사람보다 더 멋있다!" 하는 편이 좋다.

또 아이들의 성취에 대해서는 평가보다 칭찬과 격려가 교육적으로 수십 배의 효과가 있음을 인정하고 실천하는 분위기가 정서적으로 따뜻하다. "그런 생각은 아예 하지도 마! 내가 뭐라고 그랬지? 그걸 까먹으면 안 되지?"보다는 "그래그래, 다음에 잘하면 되지?"라든가, "조금만 더 열심히 하면 너도 잘할 수 있어"라든가, "지난번 것보다 좋아졌다. 잘했어. 그렇게 계속하면 돼" 하며 격려해주는 분위기가 아이들의 창의력을 빛나게 만든다.

마지막으로, 표현을 통해 기쁨을 느끼게 하는 분위기가 좋다. 그림을 그리거나 글을 짓거나 몸으로 표현하거나 말로 나타내거나 간에 어떤 형태의 표현이든 아이들이 그런 활동을 통해 즐거운 경험을 하도록 하는 것이 중요하다. "조용히 해!" "입 다물어!" "떠들지 마!" 표현을 제약하는 이런 말들을 쓴다거나 소리를 질러 아이를 제압하려고 드는 교육 방식으로는 결코 아이들을 창의적으로 생각하고 문제를 해결하는 인물로 키우지 못한다. 표현의 결과가 시원치 않다 하더라도 표현 자체에서 즐거움을 맛보는 분위기를 조성해야 한다. "그래, 재미있지?" "즐겁지?" "신나지?"

끝없이 호기심을 갖게 하라

"아주 중요한 것은 질문하기를 멈추지 않는 일이다.
호기심은 우리를 흥분시킬 그 자신의 이유가 있다."
앨버트 아인슈타인(Albert Einstein: 물리학자)

갓난아기도 호기심을 느낀다

하물며 갓 태어난 아기도 눈을 뜨는 순간부터 사방을 두리번두리번한다. 세상의 자극에 대해 탐색을 하기 시작한 것이다. 말하자면 새로운 정보에 관심을 보이기 시작한 것이다. 호기심은 새로운 세계에 대한 탐색이다.

어떤 심리학자가 생후 2개월 내지 3개월밖에 안 된 갓난아기를 대상으로 실험해본 결과 갓난아기도 호기심을 가지고 있었다. 의미가 별로 없는 기하도형 같은 대상보다는 사람의 얼굴처럼 자신에게 의미가 있는 대상에게 더 많은 눈길을 보내고 오랫동안 아기의 눈길이 머물렀다. 또 한 가지, 정보가 빈약하고 단순한 대상보다는 정보가 많고 복잡한 대상에 더 많은 눈길을 보냈다.

이는 인간이 선천적으로 사물을 탐색하는 경향성을 지니고 태어
난다는 것을 말해주는 결과다. 심리학에서 말하는 내발적 동기(內發
的 動機)다. 세계를 알고자 하는 마음에서 우러나오는 동기를 가지고
태어난다는 말이다. 이게 바로 지적 호기심이다.

아이들의 감각기관은 정보가 많은 것에 끌린다

아이들을 테마파크나 동물원에 풀어놓으면 정신없이 뛰어다닌다.
볼 것이 많기 때문이다. 눈에 띄는 동물, 광경, 환경, 사람들의 물결,
시끌벅적한 소리의 향연, 상인들의 호객 행위 등 많은 새로운 정보가
펼쳐지고 있으니 자연스럽게 호기심이 발동한다. 정보량이 많이 있
는 곳과 대상이 많은 것이, 정보량이 적은 곳이나 대상이 적은 것보
다 인간의 관심과 주의를 더 끌게 되어 있다. 그러니까 정보가 많은
곳에 사는 어린이가 적은 곳에 사는 어린이보다 더 똑똑하고 문제해
결력이 뛰어나고 창의적이다. 따지고 보면 교육이란 정보의 정확한
전달과 새로운 정보의 창조를 돕는 일종의 작용이라고 할 수 있다.

또 다른 재미있는 실험이 있다. 베토벤의 심포니는 대체로 소리가
복잡하고 무겁다. 베토벤의 소나타는 어떤가? 소나타 곡들 중에 〈월
광 소나타〉를 비롯해서 명곡이 많다. 아이들에게 오케스트라가 연
주하는 교향곡과 피아노 소나타 곡을 동시에 들려주고 어느 쪽으로

고개를 돌리는지 관찰했다. 그 결과, 소나타와 같이 악기 한 가지로 연주하는 것보다는 여러 가지 악기로 연주하는 음악에 주의를 더 기울인다는 사실을 알아냈다. 아이일수록 단순한 자극, 간단한 것, 단조로운 것을 좋아한다고 알고 있지만 잘못된 생각이다. 아이들도 복잡한 것, 정보가 많은 것을 더 좋아한다.

호기심을 끄는 조건

'호기심'이란 '알아보려는' 지적 작용이다. 이 작용에 힘입어 인류 문명이 발달하고 학문과 예술이 발달한다. 개인적으로는 호기심이 많은 아이가 공부를 잘하고, 특기나 적성을 잘 개발하고, 창의적이다. 창의력을 발동시키는 원동력이 호기심이기 때문에 창의적일수록 호기심에 불타는 사람들이 많다.

자, 과연 어떤 조건들이 아이들의 호기심을 자극하는지 알아보자.

- 아빠 엄마가 "잘했어"라든가 "다음에도 그렇게 하는 거야" 하고 칭찬할 때
- 부모가 다른 아이들을 칭찬하는 모습을 보고
- 처음 보았을 때, 새로 보았을 때, 이상한 것을 보았을 때
- 아빠 엄마의 기대에 어긋나게 하거나 어떤 일을 잘 못해 야단맞거나 불이익을 받았을 때

- 자극이 다양하고 정보가 많을 때
- 신기하고 다소 무섭게 생각되는 대상에 대해
- 자신이 정보를 가지고 있지 않는 대상에 대해

호기심 키우기

아이들의 호기심을 키워주는 방법은 다음과 같다.

- 사물을 예사롭게 보지 않고 유심히 살피는 등 아빠 엄마가 먼저 사물에 대한 호기심을 드러낸다.
- 사물을 보고 경탄하며 "어머나!", "저것 좀 봐!" 같은 감탄사를 쓸 줄 알아야 한다.
- 눈여겨보게 해야 한다. 사물을 자세히 보고 철저히 살피는 습관을 들이는 것이다.
- 귀담아듣게 한다. 다른 사람의 말뿐 아니라 자연의 소리, 동물의 소리, 사물이 내는 소리에 민감하게 반응하게 한다.
- 아이들의 경이감을 불러일으키는 경관이나 변화 등을 이용한다.
- 아이들의 예상을 뒤엎는 상황을 이용한다.
- 관심을 드러내는 대상에 대한 정보를 충족시켜주고, 아이가 알려고 간절히 소망했던 것에 대해 앎으로써 만족감을 느끼게 한다.
- 새로운 것을 발견하는 기쁨을 맛보게 한다.

좋은 교육이란 끝없는 호기심을 갖도록 아이들을 자극하고, 알고자 하는 마음을 갖게 하고, 그 마음이 창의력과 연결되도록 지도하는 것이다.

폭넓게 생각하게 하라

"생각한다는 것은 자기 자신과 이야기를
나누는 것이다."
미겔 데 우나무노(Miguel de Unamuno: 스페인 작가)

"하나의 생각이 무한한 공간을 채운다."
윌리엄 블레이크(William Blake: 영국 시인)

생각하는 것을 재미있게 만들어라

아이들이 뭔가를 골똘하게 생각하고 있으면 "얘, 넌 뭘 그렇게 생각하고 있니?" "애들이 무슨 고민거리가 있다고 그래?" "얘, 생각할 것 없어. 아빠 엄마가 하라는 대로 하면 돼" 하면서 아이들이 '생각' 하는 것을 별로 달가워하지 않는 부모들이 있다. 요즘은 모든 것이 감각적이어서 감각을 넘어 깊이 생각하기가 좀 힘든 모양이다. 생각하는 일 자체를 부담스러워하는 듯하다. 눈으로 쓰윽 보고 금세 반응하는 데 익숙해져 있다.

감각적이면 순간순간 변화하는 세계에 적응하는 데 큰 도움이 되기는 한다. 그러나 막상 해결해야 할 문제에 부딪혔을 때는 '생각을 해야만' 한다. '사고'를 해야 한다는 말이다. 생각이 얕으면 문제를 제대로 풀어내지 못한다.

어려서부터 생각하는 습관과 능력을 몸에 익혀두면 장차 일을 하거나 창의적으로 문제를 해결하는 원동력이 된다. "그래, 좀더 생각해봐!" "다른 생각은 없니?" "이렇게도 생각해보고 저렇게도 생각해봐!" 이러한 말 한마디가 아이들의 학습에 도움이 된다. "그 생각도 좋지만 더 좋은 생각이 없을까?" 하는 식으로 대응해주면 효과적이다. '생각하는 것이 재미있는 일'이 되게 하자.

머뭇거리는 아이를 나무라지 마라

무슨 문제가 생기거나 일을 하다가 답이 잘 안 나올 때 사람들은 생각을 하게 된다. 길을 가다가도 고민거리가 떠오르거나 생각해야 할 것이 있으면 걸음을 멈춘다. 그리고 고개를 조금 숙인 채 주의를 집중한다. 주의를 모아야 답을 빨리 찾을 수 있다.

부모들이 질문하거나 무슨 일을 시켰을 때 아이들이 금방 행동으로 옮기지 못하고 머뭇거린다면 아이들은 '생각'을 하고 있는 중이다. 이럴 때 아이들을 다그쳐서는 안 된다. "얘, 넌 뭘 꾸물거리니? 빨리 대답해봐!"라거나 "뭘 생각할 게 있다고 그래? 얼른얼른 대답 좀 해봐"라거나, "생각할 것 없어. 배운 대로 답하면 돼!"라고 말하지 말자. 생각한다는 것은 문제를 해결하는 과정에 있다는 뜻이다.

문제에 맞닥뜨렸을 때 사람들은 저마다 아주 다른 여러 가지 방법으로 그것을 풀어간다. 예를 들어가며 한번 살펴보자.

❶ '이치'를 꼬치꼬치 따지는 아이들은 커서 과학이나 법률을 공부하면 좋다. 이 경우에 주로 말을 가지고 생각하고 따지므로 그 부모들은 논리적으로 생각하고 따지는 태도의 본보기를 보여주면 도움이 된다. 이런 아이들은 다루기가 의외로 쉽다. 이치에 맞기만 하면 되니까. 그러나 만만치는 않다.

❷ 평범한 아이들은 별 생각 없이 일상적으로 해오듯이, 많은 다른 사람들이 하듯이 관습적으로 해결하려고 한다. 이런 아이들은 발전이 별로 없다.

❸ 시행착오형은 이것저것 용감하게 새로운 것을 시도해본다. 그러다가 다행히 들어맞아 해결이 되기도 한다. 그러나 시간이 많이 걸리는데다 정확한 답을 찾기까지 많이 방황하게 된다.

❹ 직관형은 순간적으로 머릿속에 해답을 떠올리는 순발력이 있다. 이 중에는 굉장히 창의적인 발상능력을 가진 아이들도 있다. 직관력이 뛰어난 아이들이다.

❺ 창조형은 문제가 무엇인지를 먼저 분명히 따지고, 가능한 몇 가

지 대안을 제시하고, 하나하나 요모조모로 이리저리 깊이 생각하고, 따지고, 실험해보고, 이치까지 따져 문제를 해결한다. 이런 아이들은 어떠한 문제에 봉착하더라도 해결할 능력이 있다. 아주 창의적인 사고를 하는 아이들은 이런 방법으로 문제를 해결해나간다.

뿌리를 뽑을 때까지 생각하는 습관 기르기

우리나라에는 사상가가 드물다. 함석헌 선생이 말했듯이 "들입다 파고드는" 성향이 약하기 때문이다. "그 골치 아픈 철학 같은 것은 뭐 하러 공부해?" 하는 식이다. 그러나 창조 중에서 최고의 창조는 '새로운 가치의 창조'임을 잊어서는 안 된다.

인간이 만들어낸 최고의 창조물은 종교 경전들이다. 기독교 성서, 불교 경전, 유교 경전(사서삼경) 등 기원전 15세기(기독교 구약성서의 창세기가 기원전 1400년경 기록됨)경부터 시작해 이슬람교의 코란(7세기 중엽 성립)까지 이어지는 종교 경전은 수천 년이 지난 지금까지 사람들의 삶에 깊은 영향을 미치고 있지 않는가? 이들은 상품도 아니고, 보석류나 장신구도 아니고, 고미술품도 아니지만 인간 생활을 지배해온 점에서 '가치 있는' 것들이다. 이 같은 가치를 만들어내려면 생각이 깊어야 한다. 사고능력이 뛰어나야 한다는 말이다.

한번 매달리면 뿌리를 뽑을 때까지 생각하는 습관을 들여야 한다. 포기하지 않는 태도는 무슨 일을 하든 꼭 필요한 능력이다. 영재의 가장 중요한 능력 중 하나가 '과제 집중력'이다. 자신이 해결하고자

하는 과제가 있으면 뿌리를 뽑을 때까지 포기하지 않고 시간과 노력을 한데 모은다. 그래서 끝내 가치 있는 것을 창조해낸다.

로버트 루트번스타인Robert Root-Bernstein의 『생각의 탄생』을 보면 다음과 같이 강조하고 있다.

"교육의 목적은 모든 학생들이 화가이자 과학자로서, 음악가이자 수학자로서, 무용수와 공학자로서 사고하도록 도와주는 데 있다."

생각한다는 것은 기본적인 능력이다. 오늘날처럼 세상이 복잡하고, 빨리 변하고, 다양하고, 감각적인 시대에는 생각하는 힘을 키워주어야 그 모든 조건들을 극복하고 적응할 수 있다. 생각, 즉 사고력은 모든 것의 저변에 깔린 본질을 보게 하는 능력이기 때문이다.

아이들에게 말해주자.

"그래, 잘 생각해봐."

"생각하는 것은 좋은 거야."

"생각하고 또 생각해."

"생각이 없으면 모든 일을 망칠 수 있어."

04

독창성을 갖게 하라

: 나만의 생각, 나만의 느낌을 소중히 여기는 아이

"너와 마찬가지로 다른 사람이 해낼 수 있는 일은
하지 마라. 다른 사람이 말할 수 있는 것은
말하지 마라. 글을 쓸 때에도 마찬가지로 그런 것은
쓰지 마라. 아무데도 없고, 단지 너에게만
존재하는 것에 충실함으로써 너 자신을
필요불가결한 것으로 만들어라."
앙드레 지드(Andre Gide: 프랑스 작가)

독창성이란 무엇인가

독창성이란 남에게는 없는 것, 내게만 있는 것을 말한다. 따지고 보면 지구상에 존재하는 것 중에서 오직 나에게만 있는 것은 그리 흔치 않다. 구약성서에서도 "저 태양 아래에 새로운 것이란 없다"고 하지 않았는가?

노벨 문학상을 받은 20세기 전반의 대표적인 작가 앙드레 지드가 대표작인 『좁은 문』을 발표했을 때 그를 괴롭혔던 편지가 있다. "선생님, 어떻게 하면 선생님처럼 훌륭한 작가가 될 수 있는지 가르쳐 주십시오" 하는 내용이었다고 한다. 위에 소개한 구절이 바로 그의 대답이었다.

글로벌 시대에 경쟁에서 뒤지지 않고 더욱 발전된 나라를 만들려면 남이 만들어놓은 것을 본뜨거나 남의 흉내만 내서는 안 된다. 개인도 마찬가지다. 과학자든, 작가든, 무용가든 남이 하는 것을 베껴서는 살아남지 못한다. 독창적인 것을 만들어내야 살아남을 수 있다. 어릴 때부터 나만의 것, 즉 나만의 생각, 나만의 느낌, 나만의 표현, 나만의 재간을 갖도록 아이들을 교육해야 하는 이유가 바로 이것이다. 그래야 훗날 자아실현을 통해 성공적인 삶을 사는 어른으로 성장하게 된다.

"천재와 일반인의 차이란 타고난 재능이나 노력이 아닌, 남과 다른 나만의 독특한 '창의적 사고' 능력에 있다."

이어령 교수의 말이다.

독창성 키우기

독창성을 길러주려면 부모가 먼저 모범을 보여야 한다. 이것이 중요하다. 독창성을 기르려면 이렇게 해보자.

- 남들이 흔히 보지 못하고 놓치는 세계를 보게 한다.
- 남들이 흔히 느끼는 감정이 아닌 자기만의 독특한 감정을 간직하게 한다.
- 남들이 흔히 표현하는 방식이 아닌 방식으로 표현하게 한다.

• 남들이 흔히 생각해낼 만한 흔해빠진 생각(아이디어)을 하지 않도록 한다.

그렇다고 독창성을 길러주고 싶은 욕심이 앞선 나머지 무거운 짐을 안겨주어서는 안 된다.

"네가 지금 생각하고 있는 것을 솔직하게 말해봐(그려봐, 글로 써봐, 만들어봐)."

"네가 지금 느끼고 있는 것을 솔직하게 말해봐(그려봐, 글로 써봐, 만들어봐)."

"네가 지금 생각하고 있는 것을 솔직하게 몸으로 표현해봐."

아이들에게 이렇게 말해주는 것으로 충분하다. 아이들이 자신을 솔직하게 말로, 글로, 몸짓으로, 소리로, 그림으로 나타낼 수 있으면 된다는 말이다. 예를 들어 여행에서 풍광을 보고 느낀 감정이나 정서, 이미지, 생각을 다양한 매체를 이용해 솔직하게 표현하면 그게 바로 그 아이만의 독창적인 것이 된다. 남의 것을 흉내 내는 대신에 자기 것을 솔직하게 나타내도록 하는 것이 중요하다.

독창성을 자극하는 말하기 방법

"다른 사람이 미처 생각해내지 못했을 것 같은 것을 생각해봐."
"다른 사람들의 생각과 많이 다를 것 같은 생각을 해봐."

"뭐 기발한 생각이 없을까?"

"나만이 가지고 있을 것 같은 생각(아이디어)은 없을까?"

"튀는 생각, 유별난 생각, 기막힌 생각(아이디어)은 없을까?"

"다른 사람들을 흉내 내지 말고 언제나 나만의 것이 없을까를 생각해."

우뇌력을 향상시켜라

"머리를 잘 쓰고 못 쓰고가 미래에 우리 삶을 바꾸어놓을 수 있다. 개발도상국과 선진국의 차이는 국민들이 머리를 얼마나 잘 쓰게 하느냐에 달려 있다. 그런 머리로 새로운 기술과 문화를 만들어내기 때문이다. 특히 우뇌는 창의력 발동의 사령탑이다. 우뇌를 잘 써야 한다."

오른쪽 뇌와 왼쪽 뇌가 하는 일이 다르다

미국 시카고대 교수를 지낸 로저 스페리Roger W. Sperry는 인간의 머리가 오른쪽과 왼쪽이 하는 일이 서로 다르다는 사실을 발표해 1981년 노벨 생리의학상을 받았다. 이제 정설이 된 스페리의 이 학설은 '머리를 잘 쓰려면 오른쪽과 왼쪽 뇌를 골고루 활용해야 한다'고 가르쳐준 셈이다. 정말로 머리가 좋은 사람은 좌우 양쪽이 모두 잘 작동하는 사람이다.

❶ 오른쪽 뇌가 주로 하는 일
전체적인 윤곽부터 본다. 언어를 이해한다. 이미지, 정서, 의미 쪽의

정보를 더 많이 다룬다. 리듬, 흐름, 방언을 다룬다. 직관력과 추측력이 뛰어나다. 유사성을 찾는다. 정서를 자유롭게 표출한다. 자발적이고 유동적이다. 동시 사고를 하고, 병행해서 여러 가지를 동시에 처리한다. 감정 지향적이고, 경험 지향적이다. 현재를 더 중요시한다. 동작과 관련이 있다. 스포츠를 관장한다. 예술과 이미지를 중요시한다. 음악의 열정, 리듬, 이미지를 관장한다.

❷ 왼쪽 뇌가 주로 하는 일

부분부터 본다. 언어(의미나 논리)를 분석한다. 구문(문장의 구조)과 의미를 따진다. 글자와 문장 분석을 고려한다. 수 혹은 숫자에 관심이 많다. 매사를 분석하고 직선적으로 사고한다. 사물 간의 차이에 주목한다. 감정을 조절한다. 계획적이고 구조화된 것을 좋아한다. 계열적 사고를 한다. 즉 순서에 맞게 사고한다. 언어 지향적이다. 미래지향적이다. 스포츠 중에 눈과 손과 발의 협응을 조절한다. 예술에서 재료, 도구 사용, 기법 같은 데 관심을 둔다. 음악에서는 음표, 박자, 속도에 관심이 간다.

쉽게 설명하면 오른쪽 뇌는 음악, 미술, 체육, 연극, 무용, 퍼포먼스, 스포츠와 관계가 있고 왼쪽 뇌는 국어, 영어, 수학, 물리, 화학, 생물, 지구과학 같은 과목과 관계가 깊다. 오른쪽 뇌는 다분히 예술적이고, 왼쪽 뇌는 다분히 과학적이다. 한마디로 오른쪽 뇌를 '음악 뇌 혹은 체감적 뇌', 왼쪽 뇌를 '언어·수리 뇌'라고 명명할 수 있다.

아주 가볍게는 그렇게 생각해두는 것이 편리하다. 그러나 결국 오른쪽 뇌가 되었든 왼쪽 뇌가 되었든 둘 다 중요하다.

창조적 활동은 주로 오른쪽 뇌에서 이루어진다

글을 쓰고, 그림을 그리고, 연극을 하고, 노래를 부르고, 스포츠를 즐기고, 춤을 추는 것, 그러니까 이른바 예술 활동은 주로 오른쪽 뇌가 담당해 결정한다. 이런 예술 활동은 감정을 수반한다. 예를 들어 그림을 그릴 때 감정이입이 없으면 예술작품으로서 가치가 떨어진다. 반면에 수학 문제를 푼다든지 과학 실험을 하면서 감정이 개입되면 망치기 십상이다. 과학이나 수학은 객관적이고 감정 중립적이어야 하기 때문이다.

말했듯이 창의적이고 생산적인 일을 하려면 오른쪽 뇌를 써야 한다. 그렇다면 이제 창의적인 활동을 위해 오른쪽 뇌를 개발하려면 어떻게 해야 하는지 살펴보자.

❶ 동화를 읽어줄 때 대리 경험을 하게 한다.

아이들이 체험해보고 싶어 하고 알고 싶어 하는 일이나 역할을 가상의 인물, 즉 이야기에 등장하는 주인공을 통해 대신 체험하는 계기가 동화이고, 영화이고, 애니메이션이다. 책을 읽을 때 아이들이 이야기 속 주인공에게 감정이입을 하게 만들면 아주 바람직하다.

❷ 그림을 그리는 아이에게 잔소리를 많이 하면 안 된다.

아이들의 그림은 단순한 미술작품이 아니다. 그것은 내밀한 정신세계를 내보이는 창이요, 억눌린 감정을 표출하는 도구요, 말로 다 하지 못하는 미묘한 정서의 표현이다. 아이들의 그림은 뭔가를 호소하고 있다. 그림에 대한 부모의 잔소리가 많을수록 그리기가 지니는 본래의 기능은 죽어버리게 마련이다.

❸ 음악은 대체로 오른쪽 뇌를 자극한다.

음악에도 듣는 음악과 하는 음악이 있다. 하는 음악, 즉 노래 부르기나 악기 연주 같은 경험은 오른쪽 뇌가 담당하고 감상은 왼쪽 뇌와 오른쪽 뇌가 나누어 담당한다. 음악 하기와 관련된 경험은 체감적, 감정적, 운동적 요소가 많기 때문에 오른쪽 뇌가 작동하고, 감상은 다소 분석적인 요소를 필요로 하므로 왼쪽 뇌가 동시에 작동하는 것이다. 오른쪽 뇌를 '음악 뇌'라고 하는 까닭은 음악이 소리로 하는 예술이면서도 객관적으로 존재하는 소재를 갖지 않고 주관적으로 만들어야 하는 유일한 예술이기 때문이다. 다시 말해 가장 창조적인 예술이라는 데 그 이유가 있다.

오른쪽 뇌의 활성화로 창의력 기르기

❶ 말 대신에 이미지로 생각하는 방법이 효과적이다. 영상 기능은

동시에 아주 다양하고 많은 이미지를 떠올리게 해준다.

❷ 설명하기보다는 체험을 통해 학습하게 한다. 오른쪽 뇌는 체감적인 경험을 논리적 사고보다 훨씬 좋아하기 때문이다.

❸ 손을 많이 쓰게 한다. 만들고, 조작하고, 연주하고, 그리고, 꾸미고, 조립하는 활동을 통해 오른쪽 뇌가 활성화된다.

❹ 공부할 때 기억에만 의존하지 말고 감동을 느끼게 해준다. 감동이란 논리적인 활동에서는 별로 작동하지 않고 정서적인 요소가 많기 때문에 우뇌와 관계가 있다.

❺ 음악 감상과 연주, 춤, 연기, 스포츠 같은 체감 활동을 많이 할수록 우뇌가 발달한다.

❻ 영화, 연극, 오페라, 뮤지컬, 여행 등은 능력 개발 면에서 아주 중요한 경험이다.

❼ 우뇌를 개발하면 창의력이 크게 발달한다.

06

유창성을 키워라

유창성이란 무엇인가

유창성이란 어떤 문제를 풀어갈 때나 답을 내놓아야 할 때 가능한한 많은 아이디어, 여러 가지 다양한 아이디어를 내놓는 능력을 말한다. 말하자면 '아이디어 맨'이 가지고 있는 능력이다. 새로운 아이디어가 머릿속에서 '줄줄이 사탕'처럼 계속 엮여 나오는 상태다.

유창성이 뛰어난 아이들은 수다스러운 편이다. 말이 머릿속에서 생성되지 않으면 수다를 떨 수 없다. 마찬가지로 머릿속에서 아이디어가 계속 흘러나오는 사람이야말로 창의력이 뛰어나다.

유창성이 좋은 아이들은 한 가지가 아니라 여러 가지 답을 다양하게 만들어낸다. 정답이 아니어도 괜찮다. 그런 많은 아이디어 속에 정답이나 가장 가까운 답이 있을 수 있다. 유창성이 좋으면 책을 빨리 읽고 빨리 이해한다. 글쓰기나 그림 그리기를 잘하는 편이다. 남의 말을 빨리 알아듣고, 빨리 이해하고, 말을 잘한다. 어디서나 생각이 떠오르면 말로 표현하려고 한다.

유창성이 좋은 아이들은 잠시도 가만히 못 있을 만큼 수다스럽고 시끄러우며 아무데나 잘 끼고, 낙서하고, 생각을 몸짓으로 나타내고, 표정으로 나타내고, 그림으로 나타내기를 잘한다. 그런데 질문이 많고, 꼬치꼬치 따지고 캐묻는 아이들을 어른들은 별로 반기지 않는다. 아니, 오히려 귀찮아한다. 우리는 유창성이 좋은 아이들에게 눈을 흘기면서 교육을 해왔다.

유창성을 자극하지 못하는 교육이 문제다

광복 이후 우리는 줄곧 단편적인 지식을 기억하게 하고, 그것을 많이 기억하는지 시험을 통해 평가하는 교육시스템을 고수해왔다. 그러다 보니 마치 텔레비전의 퀴즈 프로그램처럼 정답 맞추기 식의 교육이 되고 말았다. 이는 그다지 필요 없는 노릇이다. 작은 전자수첩이나 휴대전화만 있어도 검색이 가능한 지식을 굳이 외워서 무엇하겠는가. 정작 필요한 것은 그 지식을 활용해 새로운 지식이나 정보를 만들어내는 능력이다. 백과사전적 지식은 누구나 검색 방법만 알면 입수할 수 있지만 새로운 지식을 만들어내는 능력은 아무나 갖고 있지 않다. 훈련을 해야 한다. 문제를 정확하게 이해하고 파악함으로써 다양한 차원의 해결 방법을 찾아내는 능력은 단편적인 지식을 외우는 능력과 전혀 다르다.

　지금까지 우리는 얼마나 많은 단편적인 지식을 머릿속에 저장하고 있느냐로 사람의 능력을 가늠해왔다. 그러나 그러한 지식으로는 급격하게 변화하는 지식기반사회, 정보화 사회에 적응해나가기 힘들다. 교육받은 사람이 워낙 많은데다 정보통신수단이 발달하고 경쟁자도 많기 때문에 살아남으려면 새로운 정보, 지식, 방법을 개발하고 창출해내야 한다.

유창성을 키우는 10가지 방법

• 틀리는 것을 겁내지 않고 자유롭게 말하도록 권장한다.
• 생각과 느낌을 말로만이 아니라 몸짓, 표정, 글로도 표현하게 한다.
• 생각이나 느낌이 떠오르면 즉시 글로 적거나 그림으로 그려보는 습관을 들이게 한다.
• 문제 상황에 부딪혔을 때 꼭 정답만을 찾으려고 애쓰지 않고 가능한 답을 많이 만들어보게 한다.
• 신통치 않는 답을 해도 핀잔을 주지 않는다.
• 아이디어를 많이 낼수록 많이 보상(칭찬 등)해준다.
• '아이디어 키즈idea kids'라는 말을 즐거움으로 여기게 한다.

- 아이디어를 낼 때 여러 가지 참고자료를 찾아보게 한다.
- "시끄러워!" "입 다물고 있어!" "입에 지퍼 채울까 보다." "넌 너무 말이 많아!" 이와 같이 표현을 억제하는 말을 삼간다.
- 낙서하기, 만화 그리기, 말꼬리 따기, 수수께끼, 말씨름하기 등을 자주 활용한다.

유창성을 자극하는 말하기 방법

"자, 머릿속에 떠오르는 생각이 있으면 뭐든 말해봐. 그림으로 그려도 좋아. 만들어봐."

"남의 눈치 보지 말고 머릿속에 떠오른 것이 있으면 서슴없이 말해봐(적어봐, 그림으로 그려봐)."

"이것과 저것을 섞어서, 혹은 연결해서 뭔가 새로운 게 나오지 않을까 생각해봐."

"다른 사람이 만들어놓은 것에 뭘 덧붙여봐."

"다른 모양으로 바꿔봐."

"다른 용도를 생각해봐."

"가능한 한 많은 아이디어를 생각해봐."

세상 모든 것이 새롭고 신기하다

"세계는 넓고 알아야 할 지식은 많다.
관심이 많다는 것은 광대역 전파를 수신할 안테나를 갖는 것과 같다."

1. 버려진 돌무더기에 황금이 숨어 있다

옛날 전래동화에 이런 이야기가 있다.

어느 고을에 부부가 살았는데 늦게까지 아이가 없다가 삼신할미에게 빌어 아들 하나를 얻었다. 그렇게 귀하게 태어난 아이가 일도 안 하고 공부도 안 하고 밥만 먹고 잠만 자는 것이 아닌가? 그러나 한 가지만은 매일같이 했다. 동네를 돌아다니며 돌덩이를 주워다가 담장을 쌓는 일이었다.

몇 년이 지난 어느 날 스님 한 분이 그 집 앞을 지나가다가 돌담에 황금이 박혀 있는 것을 발견하고 부모에게 그 이야기를 했다. 그리하여 돌무더기 속에서 발견한 황금 덩어리를 팔아 부자가 되었다.

이처럼 하찮아 보이던 돌덩이가 황금이 될 수도 있다는 생각은 바로 창의적인 아이디어가 돌을 황금으로 바꿀 수도 있음을 의미한다.

중학교까지는 입시 부담으로 인한 학습 스트레스가 적다. 그러므로 아이들이 폭넓은 경험을 할 기회를 많이 마련하는 것이 여러모로 좋다. 경험의 폭이 넓어지면 세상을 살아가는 데 좋은 바탕이 된다. 세상에 어떤 것들이 있고 어떻게 돌아가는가 하는 경험은 교실에서 배우지 못하는 것들이다. 모든 학습의 바탕이 될 만한 기초를 닦을 기회이기도 하다. 새로운 일에 도전하는 자신감과 용기도 배운다. 초등학생이나 중학생 때 경험하거나 학습한 것들은 나중에 어떤 직업을 갖든, 어떤 전공을 선택하는 그 기초가 될 수 있다. 감각·지각력, 이해력, 지식, 판단력, 자신감, 결단력 등을 얻게 된다는 말이다.

2. 백화점만큼 좋은 학습장이 없다

아이들을 백화점에 데려가면 두 가지 갈등을 겪게 된다. 바로 '아이쇼핑이라도 즐기자'와 '아이를 돌봐야지' 하는 선택의 갈림길에 서는 것이다. 그러다 보니 쇼핑도 즐기지 못하고 아이도 제대로 돌보지 못한 채 짜증만 내다가 돌아오기 일쑤다. 쇼핑을 하려면 아이는 두고 가고, 아이와 함께 가려면 쇼핑을 포기하는 편이 좋다.

백화점에는 주택 이외에 우리가 원하는 모든 것이 있다. 아이들이 얼마나 큰 호기심을 발동시키겠는가? 백화점을 이렇게 이용해보자. 먼저 한 가지 품목을 지목한다. 예를 들어 양탄자 가게 앞이라면 이렇게 말한다.

"이렇게 짠 천을 양탄자라고 한단다. 영어로는 카펫이라고 해. 여기(라벨을 보면서)를 보니 '터키'에서 들여온 것이구나. 터키는 우리나라에서 비행기로 10시간 정도 가야 해. 소아시아에 있는 나라인데 그리스의 동쪽, 이란의 서쪽에 있지. 인구는 우리나라와 비슷하게

5,000만 명쯤이고 땅의 넓이는 10배 정도야. 한국전쟁 때 유엔군의 일원으로 우리나라에 군대를 보냈지."

"이 정도 크기의 카펫을 한 사람이 짜려면 3개월 정도 걸려. 값은 300만 원 정도 하지. 가족들이 식사할 때나 이야기를 나눌 때 이 카펫을 깔 수도 있고 이슬람교도들은 알라에게 기도할 때도 사용해."

"무역하는 분들이 터키에 가서 배나 비행기에 카펫을 싣고 와 도매점이나 백화점에 팔아 이익을 남기지. 가격에는 카펫을 짠 사람의 삯, 회사의 이익, 무역업자의 이익, 관세, 백화점에 넘기는 값, 세금 등이 포함되어 있어."

이로써 아이들은 터키와 무역이 이루어지는 과정, 이익이 형성되는 조건, 가격 형성의 조건을 배우고 덤으로 카펫의 아름다움까지 감상하게 된다. 그러나 끊임없이 새로운 것을 배울 수 있는 학습장이 되는 백화점을 자녀교육에 활용하는 부모가 우리나라에 과연 몇 명이나 될까?

아이들과 짧은 여행을 자주 해도 좋다. 한 시간 정도 전철이나 광역버스를 타고 가서 두세 시간 둘러볼 만한 가까운 교외나 이웃 지역으로 나들이를 하는 것이다.

예를 들어 2~3만 원 정도 챙겨 전철을 타고 인천에 간다. 인천역에 내리면 버스를 타고 월미도에 가거나 배를 타고 작약도 혹은 영종도에 갈 수 있다. 배에서 바다 구경도 하고, 정박해 있는 외국의 대형 선박도 보고, 갈매기가 무리 지어 배를 따르는 풍경도 본다. 여기저기 새로운 풍물을 보거나 교과서에서 배운 밀물과 썰물을 직접 보고 확인할 수도 있다. 월미도에 가면 거리 공연을 보고, 해산물을 먹어보고, 놀이공원에서 놀이기구 한두 가지는 타볼 수 있으리라. 이 즐거운 경험을 통해 보고, 배우고, 새로운 지식도 얻는다.

아이들을 데리고 나가면 세상의 모든 것이 새롭고 신기하며 학습의 소재가 된다. 부모는 그 기회를 이용해 새로운 정보를 주고, 지식을 전달하고, 이해의 폭을 넓혀줄 수 있다. 얼마나 좋은 기회인가? 아이들이 나타내는 온갖 것에 대한 관심과 호기심은 마침내 자신감과 창의력을 높이는 데 이바지하게 된다.

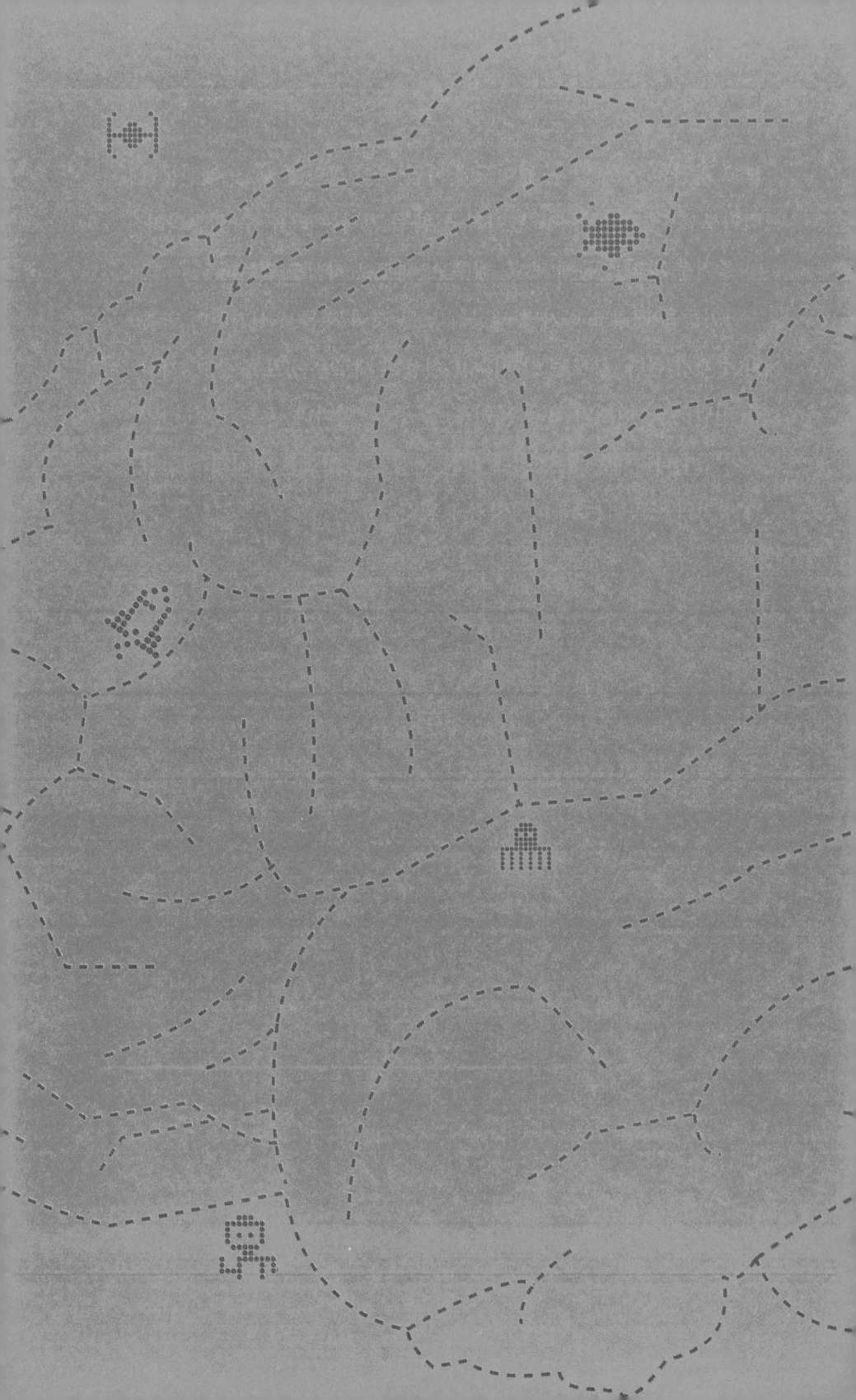

PART 3

창의력의
시작과 끝, 예술력

01

감각경험은 넓게,
지각경험은 의미 있게 하라

"감각은 모든 정보가 우리 머리로 들어오는 통로다."
"지각이란, 그런 감각정보를 내 것으로 만드는
요리사와 같은 구실을 한다."

아이들은 몸 전체가 감각기관이다

감각능력이란 생존능력과 직결된다. 귀는 소리로 정보를 입수하고, 눈은 보이는 것에서 정보를 입수하고, 코와 입은 냄새와 맛으로 정보를 입수하고, 피부는 접촉으로 정보를 입수한다. 이 중 한 가지라도 장애가 생기면 정보 입수에 문제가 발행하고 얻게 되는 정보량도 적어진다.

이외에 운동감각도 있다. 몸의 움직임을 알아차리는 감각이다. 팔다리가 어떻게 움직이고 있는지를 알려준다. 이 감각은 주로 관절에 있다. 내장감각이란 것도 있다. 몸 안에 있는 내장의 상태나 건강도를 알려주는 감각이다. 또 하나는 심부감각이라고 해서 근육이나 힘줄이 느끼는 감각이다. 결국 다섯 가지 감각기관에 세 가지 감각기관을 더해서 여덟 가지 감각기관이 있는 셈이다.

나이를 먹으면 감각기관의 기능이 점점 떨어진다. 감각세포가 죽거나 세포의 감수능력이 떨어지기 때문이다. 아이들의 감각기관은 성능이 좋다. 그래서 정보(자극)를 굉장히 많이 빨리 흡수한다. 이때 부모는 유익한 감각자극을 다양하게 제공해야 한다. 보고, 듣고, 만지고, 냄새 맡고, 맛보고, 움직임으로써 얻은 경험이 뇌에 전달되어 정보로 저장되면 일생 동안 그 정보를 가지고 살아가게 된다. 동물을 대상으로 실험한 결과에 따르면, 어릴 적 경험(실험조건)이 훗날의 행동에 얼마나 큰 변화를 가져오는지 깜짝 놀랄 정도다.

- 감각경험이 부족한 아이는 머리가 나빠진다. 보는 것, 듣는 것, 만지는 것에서 얻는 지식 면에서 절대적으로 미흡하다. 지능이 나쁘기 때문에 공부도 잘 못한다.
- 감각경험이 부족한 아이는 문제해결력이 떨어진다. 어려운 일이 닥치면 무기력해진다.
- 감각경험이 부족한 아이는 인격에 손상을 입는다. 정신적인 문제로 고민에 빠지거나 다른 사람과 잘 어울리지 못한다.
- 감각경험이 부족한 아이는 공부를 잘 못한다. 학습경험이 많지 않아 현실 세계에 대한 이해가 부족하기 때문이다.
- 감각경험이 부족하면 창의력을 기대하기 어렵다. 융통성이나 새로운 것에 대한 도전정신이 거의 없기 때문이다.

감각능력 기르기

감각이란 일상적인 경험에서 얻는 것이다. 따라서 일상생활에서 감각능력을 향상시키는 일이 충분히 가능하다. 감각능력이 뛰어나면 과학이나 예술 활동 면에서 크게 도움이 된다.

한 가지 예를 들어보자. 드라마 《베토벤 바이러스》를 보면 강마에가 신경질을 부리면서 단원들을 호되게 질책하는 장면이 자주 나온다. 우리는 지휘자의 그 같은 태도나 성격을 고약하다고 나무라서는 안 된다. 그들은 엄청나게 소리에 민감하다. 피아노 중안옥타브 A(라)의 진동수가 초당 440Hz인데, 그 진동수의 10분의 1에 해당하는 소리의 차이도 잡아낸다. 보통 사람은 할 수 없다. 특히 소리에 민감한 사람은 피아노 조율사다. 조율사는 일반인은 전혀 모를 아주 미세한 소리의 차이를 잡아낸다. 이를 감각능력이라고 한다.

지금부터 가정에서 아이들의 감각능력을 향상시키는 여러 가지 방법에 대해 알아보자.

❶ 소리감각 훈련

음악가, 기계기술자, 군인, 전자기술자, 어부, 방송기술자, 성우 등은 소리에 대한 특별한 감각능력을 가지고 있다. 그들에게 아주 미세한 소리의 차이, 즉 음색, 음진동수, 음원의 방향을 알아차리는 일은 굉장히 중요하다. 집에서는 이런 방법으로 훈련이 가능하다.

- 등 뒤에서 아주 작은 소리로 아이의 이름을 부른다. 그리고 차츰 소리를 높인다. 들을 수 있는가?
- 피아노 건반으로 절대음감 훈련을 해본다. 절대음감은 훈련을 통해 기를 수 있음이 증명되었다.
- 전화 통화를 하면서 상대방이 누구인지 알아맞히게 한다.
- 여러 가지 악기를 두들기거나 튕겨 그 종류를 알아맞히게 한다.
- 밖에서 들리는 가족의 발자국 소리로 누구인지 알아맞히게 한다.
- 시골에 가서 풀벌레 소리를 듣고 무슨 벌레인지 맞혀보게 한다.
- 여러 가지 악기로 같은 곡을 연주했을 때 어느 악기 소리가 더 아름다운지 말하게 한다.

❷ 시감각 훈련

- 길고 짧은 것, 크고 작은 것, 많고 적은 것, 높고 낮은 것, 멀고 가까운 것 등에 대해 수시로 비교하게 한다.
- 밝고 어두운 것, 아름답고 추한 것, '붉은 것'과 '새빨간 것' 등 색깔이 주는 미묘한 느낌의 차이를 알아보게 한다.
- 평면과 입체를 구별해보게 한다.
- 건물의 내부 구조를 비롯한 3차원 세계의 보이지 않는 부분에 대해 상상하게 한다.
- 외국 영화나 드라마의 자막을 빨리빨리 읽는 훈련을 한다.
- 책을 속독으로 읽게 한다.
- 서점이나 도서관에서 책을 빨리 찾아내는 훈련을 하게 한다.

❸ 미각 훈련

- 음식을 먹을 때 맛을 음미해가면서 먹게 한다.
- 양념 분량의 미묘한 차이를 느끼게 한다.
- 맛으로 음식 종류를 감별하게 한다.
- 여러 가지 음식을 먹어보고 비교하게 한다. 주재료, 소스, 양념, 향료 등을 가려내게 하는 것도 방법이다.
- 화학조미료, 설탕, 소금, 구연산, 등 가공된 음식 속의 첨가물을 가려내게 한다.

❹ 후각 훈련

후각은 자칫 중독성이 있기 때문에 후각 훈련은 조금 조심스럽다. 후각을 자극하는 것은 가스 상태의 물질이 되어 뇌로 들어가기 때문에 어떤 영향을 줄지도 알 수 없다. 그러나 몇 가지 훈련이 필요한 것은 안전을 위해서다. 타는 냄새, 썩는 냄새, 익은 냄새(과일), 가스 냄새, 분뇨 냄새 등을 탐지하는 것은 일상생활에서 필요한 감각능력 훈련이다.

❺ 촉각 훈련

- 눈을 감고 물건을 만져보아 그것이 무엇인지 알아맞히게 한다.
- 썩은 것, 성한 것, 싱싱한 것을 만져서 가려내게 한다.
- 미묘한 무게의 차이나 질감의 차이를 만져서 맞추게 한다.
- 종이접기, 뜨개질, 자수 등 손끝으로 하는 만들기 훈련을 한다.

지각훈련은 곧 지능훈련이다

감각경험을 많이 하면 모든 정신작용에 필요한 재료가 풍부해진다. 그러나 단순히 많이 보고 듣는다고 해서 금방 머리가 좋아지지는 않는다. 감각경험을 통해 얻은 정보가 대뇌에 저장되어야 된다. 정보가 저장되어야 지식으로서 활용가치가 생긴다. 이때 저장되려면 그 감각정보에 의미가 있어야 한다.

가령 여행을 갔었다고 하자. 그냥 갔다 왔다는 것만으로는 의미가 없다. 여행에서 무엇을 보았을 때 그것이 정확하게 무엇이며, 어떤 성질이 있으며, 다른 조건과 어떤 관계이며, 나에게는 어떤 의미가 있는지 알아야 그 정보가 대뇌의 기억창고에 저장된다. 그럼으로써 다음에 어떤 문제를 해결하거나 판단을 내려야 할 때 기억창고에서 정보를 끄집어내 활용할 수 있다.

지각경험이란 한마디로 감각에 의미를 부여하는 작용이다. 의미 없는 경험은 다시는 써먹지 못한다. 정보가 되지 못하는 것이다. 감각경험에 지각적 학습을 곁들이면 머리가 더욱 좋아진다.

이스라엘인의 예를 들어보자. 그들은 세 살 무렵부터 아이들에게 구약성서를 가르친다. 어린아이에게 "모세야, 태초에 하나님이 천지를 창조하셨다" 하고 가르친다는 말이다. '눈', '코', '입'이 아니라 시간의 시원(始原)인 '태초', '하느님'을 가르친다. 얼마나 어려운 문제인가? 눈에 보이지 않는 '하느님'이라니. 그리고 '천지'라는 무궁하고 무한한 공간개념을 가르친다. 그다음에는 '창조하시다'와 같은 신의 의지를 공부한다.

유태인은 처음부터 추상적인 개념을 배우기 때문에 일찍부터 의미를 깨우친다. 이것이 언어적 의미의 지각이다. 이런 지각경험이 쌓일수록 두뇌가 발달한다. 그러한 까닭에 의미 있는 경험을 많이 제공할수록 아이들의 두뇌는 활성화되고, 유능해지고, 좋아진다.

자, 의미 있는 지각경험을 하게 하려면 어떻게 해야 할까?

❶ 뜻을 새기면서 읽고 듣게 한다.

남의 말이나 글의 의미를 하나하나 새겨가면서 듣고 읽게 한다. 이때 내용이 무엇인지, 누구에게 하는 말인지, 왜 그런 말을 하는지, 그 말과 글이 과연 어떤 결과를 가져올지를 생각하면서 듣고 읽게 하면 아이들이 의미를 깨우치기가 훨씬 수월하다.

❷ 감상문을 쓰게 한다.

연극, 영화, 뮤지컬 같은 공연예술을 감상하고 난 후에는 그 내용, 의도, 의미, 감동 등을 말이나 글을 통해 표현하게 한다. 이러한 과정을 염두에 두고 작품을 감상하면 감동도 더 커진다.

❸ 기록하는 습관을 들인다.

여행, 체험학습, 관람 등의 기회가 생기면 꼭 기록하게 한다. 일기, 기행문, 감상문, 관찰기록도 효과적이다. 기록이란 그 경험이 머릿속에 더 오래 남도록 하게 마련이다.

❹ 음악을 분석하면서 감상하게 한다.

연주회나 콘서트에 갔을 때 그냥 멍하니 듣기만 하는 것은 바람직하지 않다. 멜로디, 하모니, 박자와 속도 등을 따지면서 들으면 음악을 감상하는 능력이 더욱 향상된다. 미리 책을 찾아보거나 디스크를 듣고 가도 도움이 된다.

❺ 시지각 경험은 좀더 분석적으로 따져보게 한다.

색채가 조화를 이루는지, 균형이 잘 잡혔는지, 통일성이 있는지, 재질이 어울리는지, 모양새는 어떤지 등 조형요소를 분석적으로 보는 훈련이 필요하다. 물론 시지각 경험에서 감동을 빼면 안 된다.

❻ 미묘한 자극의 차이를 파악하는 연습도 중요하다.

크기, 구조, 기능, 변화의 양, 가치의 차이를 알아야 한다. 그래야 중요한, 때로는 핵심적인 정보를 파악할 수 있다.

❼ 정보의 활용능력을 높인다.

경험을 통해 대상을 정확하게 파악하고 일상적인 문제해결과 판단에 활용하도록 번역하는 능력을 기른다.

예를 들어 동남아나 중동에서 식사 때 숟가락이 아니라 오른손을 사용하는 장면을 보았다고 하자. 이 경험을 통해 아이는 다음과 같은 것들을 배우게 된다.

- 꼭 도구를 사용해 식사해야 하는 것은 아니다.
- 동남아나 중동에서 식사할 때 손을 사용하게 된 까닭을 이해한다.
- 나라마다 식사법이 다르다.
- 손으로 식사할 때 음식이 흐르지 않도록 연습한다.
- 음식을 먹기 전에 반드시 손을 씻는다.
- 식사하는 방법을 기준으로 민족을 차별하거나 우월의식을 가져서는 안 된다.

이렇게 경험의 의미를 되새겨 중요한 정보로 저장하는 기회를 넓혀줌으로써 아이의 능력을 개발할 수 있다.

예술적 감성은 창조적 활동의 핵심이다

"어린아이들은 수십 가닥의 감성 안테나를 소유하고 있다. 그 안테나는 성능이 매우 좋다. 어린아이들이 작동시키고 있는 안테나는 수신과 송신이 다 가능한 쌍방향 안테나이다. 어린아이들의 안테나는 정보뿐 아니라 감정까지 송수신한다. 그것이 바로 감성이라는 것이다."
김재은(이화여대 명예교수)

예술적 감성이란 무엇인가

아빠가 모차르트의 피아노 협주곡 21번을 틀었다. 음악을 듣고 있던 초등학교 1학년 딸아이가 "아빠, 그 음악 꺼줘" 했다면 음악 자체에 대한 감성이 부족한 아이고, "아빠, 그 음악 모차르트야?" 했다면 음악에 대한 이해력을 가진 아이다. 그러나 감성을 지닌 아이는 아니다. 만약 "아빠, 음악이 참 아름다워" 라거나 "아빠, 그 음악을 들으니 즐거워" 했다면 음악적 감성을 가진 아이다.

단순히 소리에 귀를 기울이거나 무엇을 보고 눈을 돌리거나 하는 반응으로는 충분하지 않다. 그 자극에 대해 "좋다"거나 "감동적이야"라거나 "그냥 그래" 하는 식으로 일종의 가치를 부여하는 심적

2011 북이십일 도서목록

북이십일이
특별한 감성으로
새롭게 태어납니다.

지식과 정보의
새로운 향유 방법을 창조함으로써
여러분과 함께 즐거움을 나누고
공유하겠습니다.

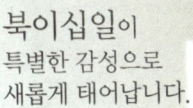
21세기북스

죽을 때 후회하는 스물다섯 가지
감동을 남기고 떠난 열두 사람
오츠 슈이치 지음 / 각 권 값 12,000원

오직 참으면서 살아온 내 인생은 대체 뭐였을까?

1000명의 죽음을 지켜본 호스피스 전문의가 말하는
'후회 없는 삶과 죽음'을 위한 스물다섯 가지 키워드.
그리고 '죽을 때 후회하는 스물다섯 가지', 그 두 번째 이야기인
죽을 때 감동을 남기고 떠난 인생 이야기.

★ 교보문고 2010 올해의 책 ★ YES24 2010 올해의 책
★ 알라딘 2010 올해의 책

2010 퓰리처상 수상 소설
팅커스
폴 하딩 지음 / 값 12,000원

역대 가장 매혹적인 데뷔작!
생의 마지막 그리움에 바치는 보석같은 헌사

우리 인간은 가족에게 둘러싸여 있더라도 혼자서 죽는다는 자명한
사실을 웅변하는 또 하나의 명작이 탄생했다.

이 작품은 소설이 줄 수 있는 최고의 특권을 독자에게 부여한다.
즉 유령처럼 다른 인간의 영혼들에게 가까이 다가갔다는
환상에 빠지게 하는 것이다. _매릴린 로빈슨(소설가)

전 세계 30여 개국 출간 예정!
룸
엠마 도노휴 지음 / 값 14,000원

24년간 지하 밀실에서 감금되었던
소녀의 충격 실화, 소설로 재탄생!

태어나서 한번도 방 밖에 나가지 못하고 화초처럼 자란 분재소년,
여섯 살 생일날 탈출을 결심하다!

놀라운 상상력을 바탕으로 만들어진 아름답고 독창적인 작품이다.
올해 내가 읽은 작품들 중 최고라 단언할 수 있다.
_아마존(Amazon.com) 독자평

21세기북스

사람이 풍경일 때처럼

박완서 · 이해인 외 40인 지음 / 값 13,000원

조선일보 인기 연재 명작 에세이 40편

2009년부터 조선일보를 통해 연재되었던 문인들과 각계 인사들의 에세이 중 40편을 엮은 책이다. 박완서, 이해인, 정호승 등 한국을 대표하는 문인들과 기업인, 사회운동가, 스포츠선수 등 다양한 분야에서 활약 중인 유명인사들의 진솔한 이야기를 담았다. 용기를 얻을 수 있는 잔잔한 감동의 이야기들이다.

MBC 잠깐만

이인경 · 장연선 지음 / 값 13,000원

행복하기로 마음먹은 날, 세상이 달라집니다!

MBC라디오 캠페인 〈잠깐만〉을 책으로 만나다. 수많은 명사들이 들려주는 행복해지는 한마디! 20년간 세상을 감동시킨 MBC라디오 공익캠페인 〈잠깐만〉이 책으로 나왔다. 윤종신, 황정민, 신경숙 등 수많은 명사들이 〈잠깐만〉을 통해 전했던 따뜻한 이야기들을 읽다 보면, 희망과 행복을 찾는 법을 배울 수 있다.

아빠가 선물한 여섯 아빠

브루스 파일러 지음 / 값 12,000원

미국 전역을 울린 어느 시한부 아빠의 마지막 프로젝트

쌍둥이 딸을 앞에 두고 삶의 마지막을 준비해야 하는 아버지의 애틋한 마음을 담고 있는 감동 실화이다. 삶의 각 시기별로 자신을 대표할 만한 사람 여섯 명으로 구성된 '아빠 위원회'는 브루스가 떠난 후 쌍둥이들이 느끼게 될 아빠의 빈자리를 채워주고, 그를 대신해 놀랍게 성장해 갈 두 딸의 모습을 지켜보게 될 것이다.

세상에 마음 주지 마라

웨인 다이어 지음 / 값 12,000원

『행복한 이기주의자』 웨인다이어의 인생론

악착같이 모았던 것들이 버려야 하는 것임을 알았다! 많은 사람들이 욕망을 인생의 목표로 삼고 있다. 하지만 욕망은 행복을 품지 못한다. 욕망에서 벗어나기 위한 여행을 시작할 때, 당신은 그 자체로 의미가 된다. 돌아서서 당신 자신에게로 곧장 가라.

★ 출간 즉시 아마존 1위!

제국의 황혼

정진석 외 6명 지음 / 값 23,000원

한일병합 1년 전의 풍경 속에서 망국의 징조와 기미를 읽는다!

2009년 8월 29일에 시작하여 국치 100주년이 되는 날, 즉 2010년 8월 29일에 끝이 났다. 1년 동안 조선일보에 연재되면서 수많은 독자들의 관심과 호평을 받았다. 역사의 수레바퀴를 한일병합 1년 전인 1909년 8월 29일로 되돌려 나라가 망하던 비극의 그날까지 365일간을 기록했다.

차갑지도 뜨겁지도 않은 청춘에게

이강락 지음 / 값 12,000원

스스로 자신의 역사를 기록하면서 삶을 업그레이드하라!

"어디로 배를 저어야 할지 모르는 사람에게는 어떤 바람도 순풍이 아니다." 요즘의 청춘에게 '나'의 자리는 없다. 오직 '남들'의 이야기만 있다. 이런 이들에게는 어떠한 미래도 불투명할 수밖에 없다. 힘차게 달려 나가야 할 시기에 '나'를 잃고 미적지근하게 살고 있는 청춘들에게 진정한 비전을 찾고 인생을 성공으로 이끄는 보석 같은 지침들을 들려준다.

개의 사생활

알렉산드라 호로비츠 지음 / 값 16,000원

우리가 몰랐던 개의 진실이 밝혀진다!

개는 색맹이다? 개의 소변은 '영역 표시'다? 우리의 근거 없는 추측이 '개'를 이해하기 어렵게 만든다. 개들은 항상 우리에게 말을 걸고 있다. 다만 인간인 우리가 그들의 말을 이해하지 못할 뿐이다. 이 책은 개가 되어 보지 않고도 개에 관해 가장 잘 이해할 수 있는 방법을 가르쳐준다.

인문의 숲에서 경영을 만나다 1·2·3

정진홍 지음 / 각 권 값 1,5000원

인문학은 삶의 학문이자 의지의 그루터기다!

이 책의 존재 이유는 오직 하나다.
인문학의 자양분을 섭취해 저마다 삶의 밑동으로부터 통찰의 힘을 키우자는 것이다. 그것이 전부다. 그것을 키울 수만 있다면 이 책은 불쏘시개가 되어도 아깝지 않다.

똑바로 일하라
제이슨 프라이드 · 데이비드 하이네마이어 핸슨 지음 / 값 14,000원

열심히만 하지 말고 '제대로' 일하라!

성과를 내고 싶다면 일의 개념부터 완전히 바꿔야 한다. 큰 계획보다는 작은 계획을 세워라, 회의는 성과의 독이다, 일중독자가 되지 마라! 우리가 흔히 알고 있는 일에 관한 고정관념들을 발칙하게 깨부수며 일과 성과에 관한 새로운 시각을 제시한다.

이 책을 무시하면 위험해 진다. _세스 고딘

꾸준함을 이길 그 어떤 재주도 없다
문용식 지음 / 값 14,000원

나우누리에서 아프리카 TV까지

세 번의 대주주사 부도와 3년 누적적자 100억 원의 위기를 극적으로 턴어라운드시켜 9년 연속 흑자 행진을 하고 있는 나우콤 문용식 대표의 20년 경영 노하우.
대한민국은 건국 이후 60여 년 동안 너무 승자 독식의 정글자본주의 사회로 치달았다. 이제는 모두가 불안한 사회에서 벗어나야 한다. 함께 사는 길을 찾아야 한다.

우리는 천국으로 출근한다
김종훈 지음 / 값 15,000원

8년 연속 대한민국 훌륭한 일터상 수상!

출근하고 싶어 안달난 회사를 만들어라! 일터를 바꾸고 세상을 바꾸어라! 여기 한미파슨스의 사례는 직장을 천국으로 만드는 일이 반드시 불가능한 꿈만은 아니라는 증거가 된다. 100퍼센트 종업원 지주제, 2개월간 유급휴가 애플배케이션 제도, 이익보다 구성원이 우선인 회사!

한 조각의 상상력 아침미술관 1·2
이명옥 지음 / 각 권 값 16,000원

"나는 매일 아침 한 점의 그림을 읽는다"

비즈니스에 감성을 더하는 Morning Art. 매일 한 점의 그림과 글을 감상할 수 있게 구성되었다. 한 권의 책에 담기 어려운, 동서고금을 넘나드는 다양한 도판은 참신한 기획으로 유명한 사비나미술관 관장의 초이스다.

설득의 심리학 ❶❷
로버트 치알디니 지음 / 각 권 값 12,000원

130만 독자를 사로잡은 '설득의 바이블'

'예스!'는 정말 단순한 말이다. 하지만 동료, 고객, 소비자, 심지어 가족들에게 이 말을 듣기란 쉬운 일이 아니다. 적어도 설득 과정의 비밀을 알지 못한다면 거의 불가능하다. 이 책은 우리에게 강력하고 가치있는 설득의 비밀을 알려주는데 그치지 않고, 빠른 시간 안에 목표를 달성할 수 있도록 도와준다. ★ SERICEO 추천도서

칭찬은 고래도 춤추게 한다
켄 블랜차드 외 지음 / 값 10,000원

대한민국에 칭찬 열풍을 일으킨 화제의 책!

직장과 가정에 놀라운 변화를 이끄는 칭찬의 힘을 통해 성공적인 인간관계를 위한 기분 좋은 메시지를 전한다. 집안의 가장으로서, 회사의 간부로서 가족과 직원들에게 열정과 희망을 불러일으키고자 하는 사람들을 위한 훌륭한 지침서이자 안내서!

★ SERICEO 추천도서 ★ 교보문고 선정도서

프레임
최인철 지음 / 값 10,000원

협상, 나의 한계를 깨는 마음 경영법

이 책은 서울대 심리학과 최인철 교수가 들려주는, '지혜롭게 사는 법'을 담았다. 심리학에서 '세상을 바라보는 마음의 창'을 의미하는 '프레임'은 어떤 문제를 바라보는 관점, 세상을 관고하는 사고방식, 사람들에 대한 고정관념 등을 의미한다.

정갑영 교수의 만화로 읽는 알콩달콩 경제학 1·2
정갑영 글 · 박철권 그림 / 각 권 값 13,800원

출구전략이 도대체 뭐지? 도요타가 몰락한 이유는?

우리집 가계부가 튼튼해지는 경제상식을 만화로 읽는다.
주식, 부동산, 은행과 친해지는 실전 경제상식부터 우리가 사랑하는 영화와 드라마의 경제적 효과까지 한층 더 강력해진 내용으로 돌아온 세상에서 가장 쉬운 경제학 강의 두 번째 시간!

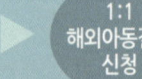 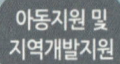

과정이 필요하다.

예술적 감성이라고 하면 음악이나 미술, 무용 같은 예술 장르를 경험할 때 민감하게 반응하고 정서적으로 반응하는 능력을 말한다. 그러니까 일상적인 경험 속에서도 이 감성은 항상 작동하는 인간적 속성이다.

감성은 감각능력이 기초지만 감정적인 반응능력이 따라야 하는 능력이다. 앞에서 말한 것처럼 특히 그 자극에 대해 "좋다", "나쁘다", "신난다", "재미없다", "즐겁다", "즐겁지 않다", "의미 있다", "의미 없다", "가치 있다", "가치 없다" 등의 반응을 보일 때 이 능력이 작동한다. 그러므로 '예술적 감성'이란 음악이나 미술, 무용 같은 예술을 경험하기 이전에도 아름다운 음악을 들으면 '괜히 즐겁고, 때로는 슬프고, 때로는 음악에 맞추어 춤을 추고 싶고, 들으면 더욱더 듣고 싶어지는' 어떤 경향을 말한다. 저녁노을을 목격하고 눈이 휘둥그레지고, 입이 딱 벌어지고, 걸음을 멈추고, 엄마에게 그 이야기를 하고 싶어지고, 그림으로 표현하고 싶어 하는 아이가 예술적 감성을 가졌다고 할 수 있다.

예술적 감성이 중요한 이유

감성교육은 단순히 예술 활동의 기초로서만 중요한 게 아니라 미래의 일상적인 문화적, 경제적 삶에서도 대단히 중요한 사회적이고 세계적인 가치다. 이는 학교 교육과정에서 감성교육의 중요성을 강조하는 데서 그 근거를 찾을 수 있다. 또한 산업·경제계의 요구가 잇따르고 있다. 대량생산과 획일화되고 몰개성적인 상품의 범람으로 인해 소비자들이 빨리 싫증내고, 획일적인 삶에서 벗어나 개성적이고, 소비자 선택적이고, 개인 존중적이고, 감성 중심적인 소비 시대에 들어섰다. 21세기는 문화의 시대이며, '한류' 시대를 맞이해 우리나라는 감성적인 문화양식으로 나아가지 않으면 글로벌 경쟁시대에 살아남기 어렵기 때문이기도 하다.

그러나 이른바 국·영·수 중심의 교육 시스템에서 감성을 중요한 목표로 삼는 예능 교과가 점점 더 변두리로 밀려나고 있다. 이러한 때에 감성교육은 어떠한 의미를 지니는가?.

❶ 객관적인 정보나 지식 기억 위주의 교육에서 벗어나야 아이들의 개성과 능력에 맞는 교육이 가능하다.

❷ 고도성장 과정에서 우리가 잃어버린 가치, 특히 예술적 가치를 되살리는 데 의미가 있다. 그 속에 감추어진 아름다움을 재발견하는 교육은 매우 중요하다.

❸ 감성사회가 도래함으로써 이제는 소비자의 개성을 존중하는 제품의 생산, 맞춤형 제품의 생산, 실용성보다 감성을 소중히 여기는 문화양식의 확산에 발을 맞추어야 한다.

❹ 아이들은 예리한 감수성과 감각능력을 지니고 있으므로 어릴 때의 감성교육은 그 능력을 영구히 유지하는 역할을 한다.

❺ 예술적 감성은 모든 창조 작업에서 가장 기본적인 능력이다. 장차 창의적으로 문제를 해결하고, 새로운 문화를 창조하고, 새로운 것을 만들어내는 데 꼭 필요한 능력인 것이다.

❻ 자연파괴, 도시화, 인간성 상실이 염려되는 이 시대를 구원할 한 가지 방편으로 예술의 기능을 되살리려면 무엇보다도 어린 시절의 감성교육이 중요하다.

감성교육은 어떻게 해야 하는가

감성지수가 낮고 감성이 발달하지 않으면 변화된 환경에 무감각하고 심지어 냉담하며, 무관심하고 무기력해져 의욕을 상실하기 십상이다. 결국 생각하는 힘을 기르지 못하고 창의력과 점점 더 거리가 멀어지고 만다. 반면에 감성이 발달하면 새로운 것에 대해 의욕적이고 좋은 기분을 유지하는 데 도움이 되어 두뇌 활동이 훨씬 유연하다. 그리하여 다양한 관점에서 다양한 생각을 하게 되니 창의적인 문제해결이 용이해진다.

아이들의 감성을 키우는 방법을 언어를 통한 감성교육, 소리 및 시각 경험과 풍부한 색채 환경을 통한 감성교육, 몸의 움직임을 통한 감성교육 등으로 나누어 생각해보자.

❶ 언어를 통한 감성교육은 인간과 인간을 연결하는 매개로서 언어가 하는 기능이다. 거친 말, 문법에 어긋나는 말, 논리성이 약한 말, 내용이 빈약하거나 표현에 섬세함과 오묘함이 없는 말은 인간의 감성을 무디게 만든다. 장차 훌륭한 '이야기꾼storyteller'이 되어 소설, 시, 희곡, 시나리오를 창작하는 창조적 능력을 원한다면 언어를 통한 감성교육이 매우 중요하다.

❷ 음악, 미술, 무용 같은 전통예술의 교육에 좀더 힘을 실어주어야 한다. 음악회에 가면 아이들에게 그 내용은 물론이거니와 입장할 때의 기대감, 입장했을 때의 분위기를 느끼고 무대 구성, 조명 변화, 다양한 악기 소리의 어울림 등을 예민하게 느껴보도록 한다. 미술 전시장에서는 주마간산 격으로 훑고 지나가지 말고 형태, 색채의 조화, 작가의 개성 있는 표현 등에 대해 느끼고 대화하고 자기 생각대로 다시 그려보게 하자.

❸ 예술적 경험이 가능한 가정 분위기를 조성한다. 한 가지 방법은 아이들이 어느 정도 성장하기 전까지는 거실이나 아이들 방을 면경처럼 쓸고 닦지 않는 것이다. 언제든 손에 닿는 도구를 이용해 그림을 그리거나, 만들거나, 놀이를 하게 해주자. 아이들 방의 한쪽 벽면

은 거대한 캔버스가 되도록 흰색, 노란색, 파랑색, 분홍색 같은 색지를 번갈아 도배해 하얀 바탕이 아니라도 얼마든지 그림을 그릴 수 있음을 일깨우고 큰 그림을 그리고 만들어 붙이면서 마음껏 자신을 표현하게 한다.

❹ 부모들이 솔선수범하는 것이 좋다. 예술적 활동을 하는 부모의 모습을 보여주는 것이다. 프로처럼 잘하는 것은 중요하지 않다. 다양한 모습을 보여주되, 예술적인 분위기를 풍기도록 하면 된다.

❺ 아이들의 느낌을 소중하게 여기고 늘 어떻게 느끼는지(감정)를 묻는다. 단, 느낌을 물어볼 때는 아이들의 키에 맞추어 자세를 낮추고 항상 눈을 보며 말한다. 부모들이 어떻게 느끼는지도 다양한 표정을 섞어가며 보여주어야 한다.

❻ 작은 자극에도 민감하게 반응하는 섬세한 감각을 키워준다.

머릿속 이미지 시각화하기

"꿈을 종이에 표현하면 현실이 된다."

그림으로 이미지를 현실화한다

과학자나 예술가들은 발명을 하거나 작품을 창작할 때 머릿속에 이미지(시각상)를 떠올리게 된다. 과학자는 실험장치나 발명품을 떠올릴 테고, 작곡가는 자연 풍광이나 인간 군상을 떠올리거나 소리의 덩어리들이 울리는 이미지(청각상)를 귓가에 떠올릴 것이다.

이미지가 현실화됨으로써 발명품이 되고, 기계가 되고, 미술작품이 되고, 음악이 된다. 이미지가 이미지로 남아 있으면 단지 하나의 환상이나 꿈에 불과하지만 그림으로 그리면 미술작품이 되고, 설계도면이 되고, 곡(악보)이 된다. 아이들이 꿈을 실현하도록 하기 위해서는 자기 꿈을 그림으로 그려보게 하는 방법이 도움이 된다.

이미지 표현은 창조 작업의 기초다

19세기 중엽의 프랑스 작가 줄 베른Jules Verne은 『해저 2만 리』로 유명하다. 바다 밑 2만 리의 풍경을 그린 이 작품에는 대왕 오징어도 나오고 잠수함도 나온다. 잠수함이 발명되기 반세기 전의 일인데 과학자도 아닌 소설가가 먼저 이야기로 만들고 과학자들에게 자극을 주었다. 뿐만 아니라 대왕 오징어는 작품이 나오고 150년 후에야 오스트레일리아 부근 심해에서 실제로 발견되었다. 이 소설가의 상상력은 얼마나 놀라운가? 작가는 자기 소설에 이 그림을 그려 넣었다.

뭐든 생각나는 것을 그림으로 그리는 습관은 대단히 좋다. 아기들이 방바닥이나 벽에 낙서하는 것쯤은 교육적으로 긍정적인 현상이다. 집이 좀 어지럽더라도 어릴 때 표현에 대한 충동이 채워지면 나중에 창조적인 일을 하는 바탕이 된다. 낙서할 수 있는 이면지나 재활용지를 많이 준비해두는 것도 좋은 방법이다.

그림 그리기는 화가, 조각가, 건축 디자이너, 도시 디자이너, 패션 디자이너, 기계설계기사, 산업디자이너 등 시각 표현이 필수인 직업뿐만 아니라 과학자, 공학자(엔지니어), 무용가(안무가), 스포츠 감독(농구, 축구, 배구 등) 들에게도 꼭 필요한 기능이다. 그들은 그림으로 실험설계도를 만들고, 기계를 스케치하고, 춤을 구상하고, 작전을 설명한다. 모든 창조적인 표현의 수단으로 그림 그리기는 필수적인 조건이다. 그림 그리기를 잘 못하면 훌륭한 안무가가 되기 어렵다. 기술자가 그림을 그릴 줄 모르면 기발하고 새로운 기계를 만들어내기 힘들다.

그림으로 표현하게 하기

이미지를 시각화하려면 우선 머릿속에 이미지가 들어 있어야 한다. 따라서 이미 여러 번 말했듯이 경험 배경이 중요하다. 보고, 듣고, 만지고, 읽고, 쓰고, 체험하는 경험의 폭이 넓어야 한다. 이러한 바탕이 이루어져야 머릿속에서 뭔가가 만들어진다. 그리고 이미지를 떠올리려고 노력해야 한다. 이것이 발상이다.

그럼, 지금부터 그림 그리기를 훈련하는 방법을 살펴보자.

❶ 늘 그림을 그릴 준비를 하고 다닌다. 아니면 집에 그림 그리기 도구를 갖추어놓는다. 이때 공책, 스케치북, 메모지는 물론이고 볼펜부터 연필, 사인펜, 플러스펜, 색연필, 자, 컴퍼스 등 여러 가지 필기도구를 준비하자.

❷ 먼저 무엇을 그릴지 정한다. 목표가 분명해야 아이디어가 모아진다.

❸ 그림을 잘 그리고 못 그리는 데 신경 쓰지 않게 주의한다. 중요한 것은 그림의 핵심 요소다. 가령 박물관에 다녀왔다고 하자. 그러면 가장 인상적이었거나 감명을 받은 장면 혹은 소품 등에 관해 기록하고 그림으로 그려둔다. 그림일기를 습관화해도 꽤 도움이 된다.

❹ 말로 하기 어려운 내용을 그림으로 나타내는 것도 한 가지 방법

이다. 말에는 순서가 있지만 그림으로는 전체를 일목요연하게 표현해낼 수 있다.

❺ 그림을 그리되 구성에 주의를 기울이면 여러 조건들을 조직화하는 능력이 발달한다.

❻ 그림을 그리는 과정에서 알고 있는 모든 것을 동원하게 한다. 이로써 지식을 활용하는 방법을 익히게 된다.

❼ 일상적이고 상식적인 것에서 탈피해 새로운 것을 생각하도록 자극한다.

❽ 그림 그리기를 습관화하면 기술적으로 잘 표현하는 기법에 대해 배우게 된다.

❾ 그리고 난 후에는 반드시 평가하고 수정한다. 이러한 과정을 거쳐 차츰 좋은 그림을 만들어간다.

❿ 연상해서 그리기와 응용해서 그리기는 시각화하는 대표적인 방법이다.

비주얼지수(VQ)를 높여라

: 시각경험을 통한 창의력 기르기

"보는 것이 아는 것이다."

VQ란 무엇인가

IQ(지능지수), EQ(감성지수), SQ(사회성지수), CQ(창의성지수), MQ(도덕성지수) 등 요즘은 Q자 돌림을 많이 사용하는 시대다. IQ 이외에도 다른 많은 것들이 그만큼 중요해졌기 때문이다. 이런 Q자 돌림에 VQ가 한몫 거들고 나섰다.

VQ란 비주얼지수Visual Quotient를 의미하는 것으로, 시각적 감각능력 지수라고 할 수 있다. 이 말을 제일 먼저 사용하기 시작한 사람은 캐나다의 매스미디어 전문가 마셜 맥루언Marshall Mcluhan 교수다. 그가 주장하는 바에 따르면 텔레비전, 컴퓨터, DMB, 휴대전화 등 정보를 전달하는 매체가 사람이 생각하는 방식과 지각 양식을 바꾸어놓는다고 한다.

VQ는 우리가 시각적으로 받아들인, 즉 눈으로 본 정보를 얼마나 오랫동안 두뇌 속에 저장해두었다가 필요할 때 끄집어내 활용하느냐 하는 능력을 표시하는 척도다. VQ가 높은 아이들은 자신이 본 것들을 다른 사람들보다 더 오랫동안 기억하고, 그 정보가 필요할 때 정확하게 재생하고, 그 정보를 효과적으로 응용하는 능력이 있다. 이런 아이들은 눈썰미가 있고, 무엇이든 눈여겨보고, 한번 본 것은 정확하게 기억하고, 그 기억해둔 정보로 문제를 효과적으로 해결하고, 작품을 창작하고, 삶을 윤택하게 꾸려나가게 된다.

VQ가 중요하다

옛말에 이런 말이 있지 않은가? "백문이불여일견(百聞而不如一見)." 즉, "백 번 귀로 들어보아도 한 번 눈으로 보는 것만 못하다"는 뜻이다. 정말로 맞는 말이다. 현대 과학에서 그 진실이 밝혀졌다. 맥루언은 우리 머릿속에 저장된 지식이나 정보를 분석해보면 눈을 통해 기억되는 것이 귀를 통해 기억되는 것보다 580배나 많다고 밝혔다. 이는 눈으로 기억되는 정보가 얼마나 막대하고 중요한지를 보여주는 결과다.

인간의 감각기관 중에서 귀는 엄청나게 많은 반복훈련을 하지 않으면 정보를 왜곡할 가능성이 많은 기관이다. 그래서 "발 없는 말이

천리를 간다"고도 했다. 그만큼 말이란 것은 정확성이 떨어지는 정보다. 한 사람만 건너가도 정보가 왜곡되기 십상이다. 눈으로 확인하는 것이 가장 정확하다. 그래서 경찰에서도 현장검증을 눈으로 직접 보면서 한다.

우리는 흔히 21세기를 정보화 시대, IT 시대, 창의성 시대, 디자인 시대, 비주얼 시대라고 표현한다. 그런데 이들 사이에는 밀접한 관계가 있다. 창의력을 기초로 하며, 결국 디자인으로 결말을 짓게 되어 있다. 예를 들어 '비주얼'은 단순히 시각적으로 보기 좋은 것이나 아름다운 것만을 추구하지 않는다. 창의적으로 디자인하는 능력을 포함하는 것이다.

그러나 중요한 사실은 VQ가 높은 아이들이 머리가 좋고 창의적이라는 점이다. IQ 검사를 보면 문제의 약 80%가 그림으로 되어 있다. 언어이해와 수리능력을 제외하면 공간지각력, 추리력, 유추능력, 기억력, 도형이해력, 손·눈협응능력(손운동능력), 수·문자변별력 등이 모두 비주얼, 즉 그림으로 이루어졌다. 그러니까 당연히 IQ가 높은 아이는 비주얼 능력, 다시 말해 시지각 능력이 뛰어나다.

공간 세계에서 일어나는 현상이나 만들어지는 정보를 정확하게 보고, 예리하게 구별하고, 작은 변화와 차이에 민감하게 반응하고, 빨리 알아차리고, 공간 상황을 총체적으로 파악하고, 여기서 얻은 정보를 문제해결에 적용하는 능력은 21세기를 살아가는 사람들에게 굉장히 중요하다.

VQ 높이기

❶ 이탈리아가 세계에서 가장 뛰어난 디자이너를 많이 배출한 배후에는 로마 시대의 유물과 유적이 있다. 그것이 디자인 아이디어의 보고다. 어려서부터 다양하고, 변화무쌍하고, 감동적인 시각경험이 많은 것이다. 우리도 백화점, 시장, 박물관, 미술관, 유적, 유물 등을 견학하고 이색적인 경험을 할 기회를 많이 마련해야 한다.

❷ 그림 그리기 같은 학습을 진행할 때 지나치게 기능훈련 위주로 교육해서는 안 된다. 정확하게 관찰하고(눈여겨보고), 정확하게 기억하는(머리와 가슴에 담도록) 학습이 더 중요하다.

❸ 주변 환경을 아름답게 꾸미고, 다채로운 색채와 책을 접하고, 변화하는 자연세계와 자주 접하도록 한다.

❹ 경탄할 만한 광경이나 풍경을 함께 감상하다 보면 아이들은 '감탄스럽고 놀라운 경험'에 대한 욕망을 느끼게 된다.

❺ 다양한 감각경험을 할 기회를 마련한다. 보는 경험뿐만 아니라 음악, 미술, 체조, 피겨스케이팅, 스포츠 등 여러 가지를 경험하도록 하면 더욱 바람직하다.

아이의 손은 뇌다

"손은 외부의 뇌다."
임마누엘 칸트(Immanuel Kant: 독일 철학자)

"손은 천재다."
안병욱(숭실대 명예교수)

손을 쓰면 머리가 좋아진다

두 손에는 54개의 뼈가 있다. 인체에 모두 200여 개의 뼈가 있으니 그중 4분의 1이 손에 있는 셈이다. 몸의 표면적으로 보면 손은 전체의 몇십 분의 1에 지나지 않는다. 이는 그만큼 손의 기능이 중요하다는 사실을 말해준다.

손에 뼈가 많다는 것은 얼마든지 손을 자유자재로 움직이고, 다양하고 풍부하게 사용할 수 있다는 뜻이다. 손은 변화무쌍한 변용이 가능하다. "손은 천재다"라고 하는 까닭은 이러한 손의 메커니즘에서 기인한다.

칸트는 "손은 외부의 뇌다"라고 했다. 이 말이 무슨 뜻인지는 간단한 실험을 해보면 알 수 있다. 붓에 먹을 묻혀 손으로 글씨를 쓰고, 그다음에는 붓을 입에 물고 글씨를 쓰고, 그다음에는 양쪽 발가락에 끼워 쓴다. 그리고 글씨를 비교해보자. 서투름에 다소 차이는 있겠지만 필체가 거의 똑같다. 글씨는 손으로 쓰지만 그 손을 통제하고 조종하는 것은 뇌다. 뇌라는 중앙통제기관에서 운동신경을 다스리기 때문에 사실은 손이 아니라 뇌가 작업하는 것이다.

그렇다면 "손재간이 좋다"는 것은 무슨 말인가? 바로 머리가 좋다는 뜻이다. 손재간이 좋은 사람치고 머리 나쁜 사람은 없다. 머리가 나빠서는 손을 잘 쓸 수 없다. "손재간 좋으면 배고프다"는 속담이 있지만 옛말이다. 옛날에는 기술자를 별로 대접해주지 않았던 탓이다. 요즘은 기술이 있으면 어디 가도 배를 곯을 일은 없다.

기술자나 디자이너는 아닌 말로 한 건만 잘하면 몇 년 먹고살 돈을 번다. 명성도 얻는다. 왜 모두 아이들을 로스쿨에 보내 법조인을 만들고 MBA 과정에 보내 경영자를 만들려고만 드는지 모를 일이다. 그런 능력이 있으면 차라리 디자인 대학이나 공대에 보내라. 그러면 원샷으로 일생을 보장받을 수도 있다.

손이 차지하는 비중이 얼마나 큰지를 보여준 중요한 연구가 있다. 캐나다의 대뇌생리학자 와일더 펜필드Wilder Penfield 박사가 발표한 바에 따르면, 손이 하는 일과 관련해 대뇌 영역에서 차지하는 면적이 전체 대뇌 표면적의 약 4분의 1이나 된다. 손의 넓이는 얼마 안 되어도 그 손이 뇌에서 차지하는 비중은 대단한 셈이다.

손을 써서 하는 일, 즉 장난감 놀이, 과학 교재 조립, 종이접기, 요리, 그리기, 글쓰기, 악기 연주, 도자기 빚기, 자수, 바느질, 수공예, 가구 짜기, 디자인 등 손작업을 하면 손과 관련된 중추신경계의 넓은 영역이 활성화된다. 다시 말해 손을 쓰는 동안에 뇌 전체가 활성화된다고 보면 된다. 머리가 좋아질 수밖에 없다. 반대로 책만 보고 손으로 하는 일을 도외시하면 그만큼 머리는 활동력이 줄어든다.

손으로 생각하고 손으로 만드는 경험 선물하기

창의적인 모든 작업은 손을 쓰지 않으면 결과물이 나올 수 없다. 태초에 하나님이 천지를 창조하실 때 "자기 형상대로 사람을 만드셨다"고 기록되어 있다. 창조를 하려면 만들어야 한다. 만들려면 손을 써야 한다. 요즘 아이들은 장난감을 다 사서 가지고 논다. 그러나 50대, 60대 어른이 어릴 때에는 직접 만든 장난감을 가지고 놀았다. 스케이트, 축구공, 피리, 모형비행기, 딱지, 제기, 굴렁쇠 등을 모두 만들었다. 물론 지금 아이들이 옛날처럼 장난감을 스스로 만들어야 한다는 말이 아니다. 다른 방법이 있다.

집에서 엄마가 하는 일을 돕게 하자. 감자 깎기, 설거지, 청소, 쓰레기 버리기를 비롯해 재활용품을 이용한 간단한 일용품 만들기, 폐식용유로 비누 만들기, 단추 달기, 양말 꿰매기, 액자 만들기, 종이접기 등이 좋겠다. 요리를 해보는 것은 특히 유용하다. 요리만큼 창의적인 작업은 드물다. 같은 소재를 가지고 무궁무진하게 다양한 음식을 만들 수 있는 것이 요리다.

악기 연주는 무엇이 되었든 한 가지는 배우는 게 크게 도움이 된다. 피아니스트들의 기억력은 전문 직업 세계에서 단연 최고다.

필자의 한 사람은 베토벤의 피아노 소나타 곡집에 수록된 음표 수를 세어본 일이 있다. 소나타 32곡의 평균 음표 수는 약 7,000개였다. 한 곡을 연주하려면 적어도 7,000개의 음표를 기억해야 한다. 더불어 음의 위치(건반의 위치), 두들길 때의 힘(p, pp, f, ff 등), 길이(시간)도 함께 계산해야 한다. 연주회에서 다섯 곡을 친다고 가정해보자. 그날 외워야 할 음표 수가 3만 5,000개쯤 된다. 더 놀라운 것은 연주자가 악보를 보지 않는다는 사실이다. 그 많은 음표를 다 외운다. 대단하지 않은가? 손이 그 많은 음표를 다 기억하고 있다.

손은 엄청난 기억의 명수다. 바이올린도 마찬가지다. 손이 없으면 연주가 불가능하다. 그런데 사실은 손이 아니라 머리가 기억한다. 뇌에 음표들이 저장되어 있다. 손과 뇌는 한통속인 셈이다. 손 쓰기를 게을리 하는 아이, 손 쓰기를 꺼려하는 아이는 창조적인 작업을 할 수 없다. "손은 천재"라는 말은 전혀 빈말이 아니다.

머리가 기억한 것은 잊어버리기 쉽지만 손이 기억한 것은 잘 잊어버리지 않는다. 이러한 원리를 잘 살려야 한다.

체험학습을 적극 활용하라

1. 시골은 변화의 만화경이다

　고인이 된 시인 김사림은 「서울 아이와 시골 아이」라는 시에서 서울 아이들(도시 아이)의 생태환경과 시골 아이들의 생태환경을 비교해 읊었다. 시골 아이가 더 아이답다고 한 말은 시골 아이들의 생활이 더 자연에 가깝다는 뜻이다. 서울 아이들은 공부밖에 모르며 인공적이고, 답답하고, 폐쇄된 생활공간에서 살기 때문에 시골 아이들보다 더 삭막하다.

서울 아이와 시골 아이

김사림

서울 아이들보다는 시골 아이들이 복되다.

높은 빌딩의 그늘에 자리한 조그만 방에서
햇빛도 못 쬐고 서울 아이들은 살지만,

넓은 들판에 집은 작지만 언제나 햇빛은 넘치고

작은 집의 큰 방에서 시골 아이들은 산다.

시골의 학교 운동장은, 넓고 휜하다.

공부밖에 모르는 서울 아이들
그러나 시골 아이들은 구릿빛 얼굴이 더 자랑스럽다.

서울 아이들은 집이 없다. 골목이 없다.

시골 아이들은 넓은 하늘이 집이고 넓은 풀밭이 골목이다.

서울 아이들은 걸어 다니지만 시골 아이들은 뛰어 다닌다.

시골 아이들은 서울 아이들보다 더 아이다.

산골에 가서 하룻밤을 자보면 굉장히 불편하다는 것을 뼈저리게 느끼게 된다. 익숙해지려면 몇 달이 걸린다. 그러나 시골은 원초적인 체험이 가능한 공간이다.

우리나라 작가들, 특히 문학 작가들 중에는 시골 태생이 많다. 소설가는 산촌에서 많이 자라고 시인은 바닷가에서 많이 배출된다. 도시, 그중에도 대도시 출신의 문인은 적다. 문인은 대부분 시골 출신이다. 이는 환경 접촉 경험이 만들어낸 결과다.

산골에서는 아침 10시에 해가 뜨고 오후 5시면 해가 잘 안 보인다. 하지만 해가 떠 있는 동안에 자연이 무쌍하게 변한다. 아침저녁으로 자연의 색깔이 변하고, 계절에 따라 또 변한다. 궂은날, 갠 날,

비오는 날, 눈 내리는 날, 진눈깨비 날리는 날, 소나기 쏟아지는 날, 우박 떨어지는 날, 장마철…… 자연은 때마다 색을 새로 입는다. 1년 내내 변화하는 와중에 있는 셈이다.

2. 직접 체험하는 게 최선이다

도시는 어떤가? 서울은 끊임없는 개발로 하루가 다르게 변하지만 도시가 보여주는 색깔, 엄청나게 빠른 호흡, 빌딩이 안겨주는 중압감은 한결같다. 획일적이고, 폐쇄적이고, 직선적이고, 규격화되고, 답답하다. 밤낮이 따로 없다. 24시간, 아니 25시간 계속된다. 계절이 따로 없다. 여름에도 선선하고 겨울에도 따뜻하다.

그래서 도시 사람들은 유난히 체험학습을 좋아한다. 도시에서는 직접 체험이 없고 간접 체험만 가능하기 때문이다. 시골 생활은 모든 게 원초적인 체험이지만 도시는 간접 체험으로 구조화해놓았다. 텔레비전이나 컴퓨터 혹은 비디오 등은 물론이고 교육도 미니어처나 모형을 이용한 체험으로 진행된다. 그러나 진짜가 아니어서 실감이 나지를 않는다. 백화점이나 박물관 등에서 체험학습장을 만들어놓았지만 실감이 안 나기는 마찬가지다. 껍데기일 뿐이지 알맹이는 체득할 수 없다. 체험학습은 체득에 의미가 있다. 몸에 배도록 알게 한다는 말이다.

우리는 원초적인 체험, 현장체험의 기회를 넓히기 위해 여행, 관람, 견학, 답사, 탐사, 체험학습 등을 떠난다. 도대체 원초적인 체험이 그토록 중요한 이유는 무엇인가?

❶ 여행은 지각의 수평선을 넓힌다. 공간적인 안목을 넓혀준다는 말이다. 지금까지 보아온 세계가 아닌 새로운 세계를 보여줌으로써 새로운 감동을 전하고 타 문화에 대한 이해력을 높인다. 호기심, 탐구정신, 새로운 지식 획득, 지적 감동을 가져다준다.

❷ 탐사는 과거의 삶을 이해하기 위한 학습이다. 말하자면 시간 탐구라고 할 수 있다. 지질, 지형, 산림, 늪, 산, 계곡, 유적지, 기념비 등을 찾아보고 연구하는 노력은 인류 혹은 조상의 흔적을 알기 위한 노력이다.

❸ 체험학습은 손으로, 팔로, 몸으로 직접 해봄으로써 새로이 학습하는 과정이다. 이러한 경험은 아이들로 하여금 자신의 가능성을 확인하게 하는 데 도움이 된다. 몸을 움직여 하는 학습이 바로 체득하는 학습이란 점에서 학습 효과도 크다. 체험의 즐거움, 모험정신, 도전정신, 호기심, 탐구정신을 기르는 데 체험학습은 아주 효과적인 방법이라고 할 수 있다.

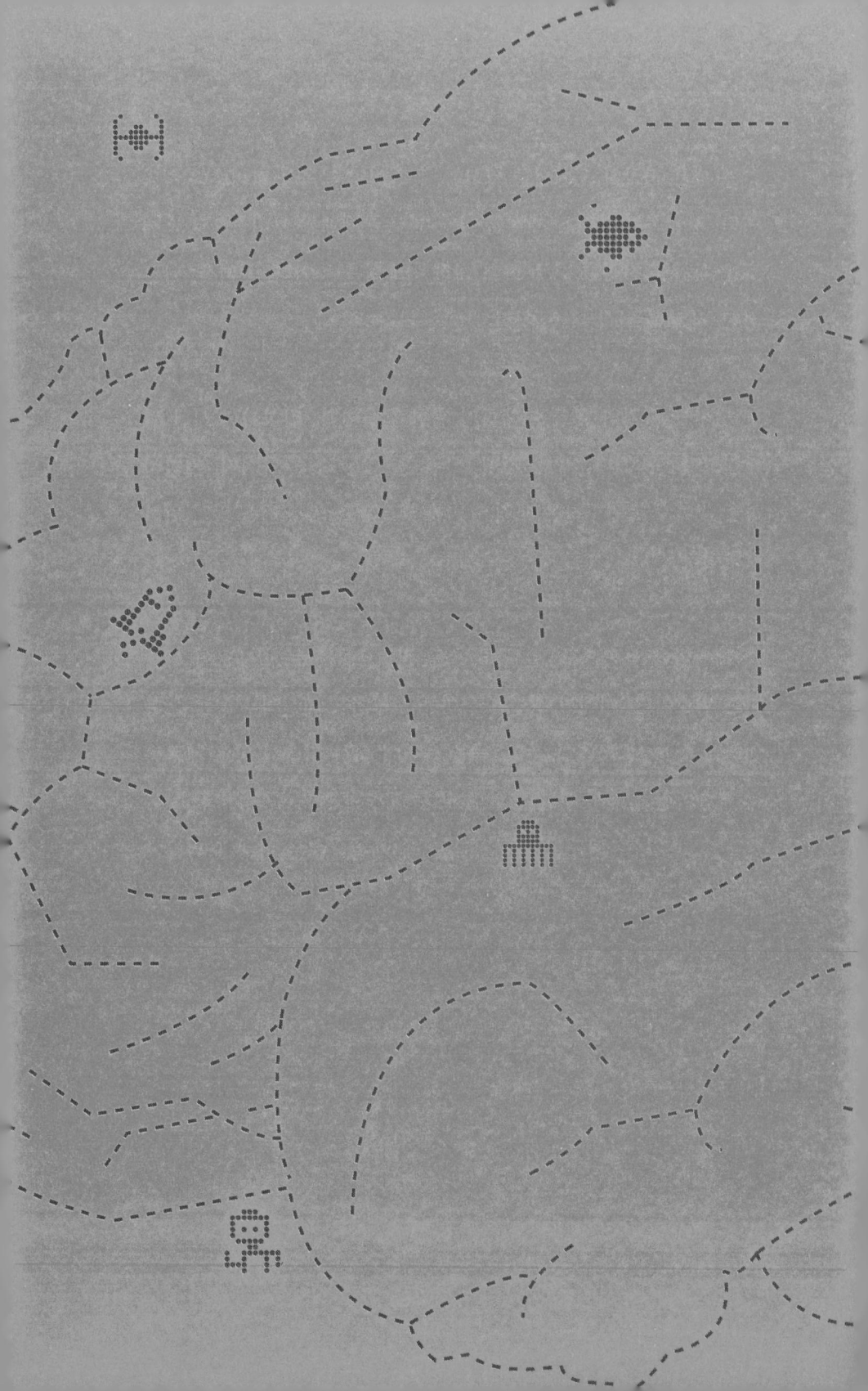

PART 4

창의력을 풍부하게 만들어주는 디자인력

엄마 이렇게 해주세요
박물관을 옆집 드나들듯 하라

01

디자인 교육은 빠를수록 좋다

디자인 교육은 5~7세경부터 시작한다

왜 5~7세밖에 안 된 유치원 아이들에게까지 '디자인 교육'을 시키는지 의아해할지 모르겠다. 여기에는 상당한 이유가 있다. 디자인 교육이 바로 창의력 교육이고, 문제해결력 기르기와 논리력 키우기에 가장 적합한 수단이기 때문이다. 디자인 교육이라고 하면 제품을 디자인하거나 광고물을 만들거나 옷을 디자인하는 방법을 가르치는 것으로 알기 쉽지만 이 경우에는 조금 다르다. 유치원과 초등학교에서 이루어지는 디자인 교육은 미술 과목의 일부도 아니고 전문가를 기르는 교육도 아니다. 일반기초교육, 즉 디자인에 기반을 둔 창의력과 사고력 기르기 중심의 교육인 것이다. '디자인' 자체를 가르친다기보다 '디자인을 통한 교육'이라고 할 수 있다.

유치원 때부터 디자인 교육을 해야 하는 이유는 무엇인가? 바로 아이들이 장차 어떤 직업을 갖든 '언어'처럼 가장 필요한, 가장 본질적이고 기초적인 능력이나 태도를 갖추도록 하기 위함이다. 여기서 능력과 태도란 창의력과 문제해결력, 상상력, 감성, 논리적 사고력 같은 것들을 말한다. 디자인 교육이야말로 그 목적을 이루는 데 가장 적합하다. 우리나라에서는 지금까지 유치원이나 초등학교는 물론이고 중·고등학교에서조차 디자인 교육이 거의 이루어지지 않고 있다. 미술 시간에 디자인 수업이라고 한다는 것이 기껏해야 포스터 그리기, 도자기 빚기 정도다.

앞에서 이야기한 기초적인 능력과 태도의 개발은 어릴 때부터 지속적으로 교육하고 훈련하되 사고의 유연성이 굳어지기 시작하는 15~16세 이전에 진행하는 편이 효과적이다. 고등학교 수준에서는 이미 늦다. 대학생들을 대상으로 창의력 교육을 한다면 시간과 노력이 여간 필요한 게 아니다. 디자인 교육은 한두 학기 하다가 그만둘 성질이 아니라 국어나 수학처럼 꾸준히 여러 해 계속해야 한다.

언젠가 파리 시내의 유치원에서 디자인 수업을 진행하는 모습이 텔레비전에 소개되었다. 아이들에게 도화지를 나누어 주고 10여 분 동안 색연필로 동그라미만 계속 그리게 했다. 원을 계속 그리다 보니 뭔가 형태가 나타나기 시작했다. 저마다 다른 그 형태가 나중에는 아름다운 화면이 되었다. 아이들마다 제각기 다 다른 그림이었다. 이것이 디자인 교육이다. 처음부터 무슨 대상을 모사하라고 가르치지 않는다.

더욱이 유아들은 디자인 교육을 통해 모든 감각기관의 능력이 골고루 발달하고 사물에 대한 기초적인 개념 이해가 빨라지는 효과를 누리게 된다. 자신이 알거나 느끼고 있는 바를 표현할 때라야 많은 것을 담아내고 유심히 관찰하는 태도도 기를 수 있다. 또한 디자인 교육은 아이들의 오감을 만족시켜주기 때문에 일이나 공부에서 자신감을 갖도록 도와준다. 초등학교 단계에서는 지식과 감성의 조화를 꾀하고, 상상력이 풍부해지고, 다양한 재료를 사용해 표현하는 능력을 몸에 익히고, 스스로 생각하고 문제를 해결하려는 태도와 능력을 기르게 된다. 생각한 바를 구체화하는 능력, 정교하게 표현하는 능력, 자유롭게 표현하는 능력 등이 발달하는 것이다.

영국과 일본의 디자인 교육

영국에서는 이미 1970년대부터 20여 년 동안 5세에서 16세까지 어린이와 학생들, 즉 유아부터 중학생까지를 대상으로 디자인 교육을 시험 실시하다가 1994년 '미술과 디자인Art and Design', '디자인과 기술Design and Technology' 두 과목을 정규 필수과목으로 지정했다. 이때 '미술과 디자인' 이라는 과목명은 디자인을 미술과 동일시하지 않는다는 의미다. 영국의 초등학교에서는 5대 필수과목인 국어(영어), 수학, 과학, 체육, 디자인을 국가지정 커리큘럼으로 편성해놓았다. 영국 사람들이나 정부가 디자인 능력(창의적 사고력)을 얼마나 중요하게 생각하는지 알 수 있는 대목이다. 그리고 이 제도가 성공을 거두고 있다는 것을 전 세계 교육계에 널리 증명해 보이고 있다. 디자인 교육이 단순한 미술 교육이 아니라 창의력 교육임을 확인시켜주는 모범 사례다.

일본도 초등학교에서 1년에 30시간 이상 통합 과정으로 디자인을 가르치도록 하고 있다. 그 목적은 역시 창의적이고 논리적인 사고능력을 기르기 위해서다.

영국이나 일본에서는 디자인 교육이 아이들로 하여금 사물의 본질을 정확히 이해하도록 하고, 아이디어 발상 능력을 기르고, 어떤 재료를 이용해 효과적으로 조형물을 표현할 수 있는지 가르치고, 문제를 스스로 해결해가는 능력을 배양한다고 믿는다. 그래서 현재 통합교과로 다루고 있다. 덴마크와 핀란드도 초등학교와 중고등학교 과정에 디자인을 필수과목으로 개설해놓았다.

미국의 미래학자 다니엘 핑크Daniel H. Pink는 저서인 『새로운 미래가 온다』에서 다음과 같이 디자인 교육을 강조하고 있다.

"산업-정보화 시대에는 논리적 사고를 강조했고 좌뇌를 많이 사용하는 교육을 실시했지만, 미래 사회는 창의력과 감성을 움직이는 우뇌의 시대가 될 것이다. 특히 디자인은 좌우의 뇌를 함께 사용하도록 한다는 면에서 중요하다."

그러니까 미래 인재를 기르는 데 관심이 있다면 디자인적인 두뇌를 길러내야 한다. 그게 바로 좌우 뇌 협동교육이다. 논리·수학을 담당하는 좌뇌와 음악·감성을 담당하는 우뇌를 함께 작동해야 하는 작업인 디자인 교육은 창의력 교육을 위한 이상적인 방법이다.

우리나라 공교육을 보면 디자인이 미술의 일부분으로 편성되어 있기는 하나 아직까지 제대로 된 교육이라고 할 만한 게 전혀 없다. 이제 시작할 예정이다. 서울시 교육청은 문제해결과 창의력에 도움이 되는 디자인 과목을 교육 프로그램이 완성되는 대로 2010년부터 국어, 수학 등과 연계해 통합교과 형태로 운영한다고 발표했다. 늦었지만 다행한 일이다. 어떤 미술 담당 교수가 디자인 교육에 관해 쓴 글을 보니 그 안에 시각디자인, 포스터, 캘린더 디자인, 선 디자인, 선 따라 그리기, 색채학습, 문양자료 등이 담겨 있었다. 디자인 교육에 관한 다른 저서들도 내용은 대동소이했다.

우리는 디자인계뿐만 아니라 교육계, 산업계, 정치권, 학부모 할 것 없이 디자인 교육에 대해 가지고 있는 기존의 인식을 바로잡을 필요가 있다. 그리고 동시에 그 중요성을 새삼 확인해야 한다.

「조선일보」의 김영진 특파원이 영국의 디자인 교육 현황을 취재한 기사를 보면 이런 내용이 있다. 1980년대 초 영국 총리였던 마가렛 대처Margaret H. Thatcher가 각료들에게 "디자인을 모르면 사표를 내라"고 소리치면서 독려해 그 후부터 디자인 진흥책을 내놓고 학교에서 디자인 교육을 본격 시행하게 되었다는 것이다. 1997년 총리로 취임한 토니 블레어Tony Blair도 "창조적인 영국", "멋진 영국"이라는 슬로건을 내걸고 "영국을 세계의 디자인 공장으로 만들자"고 역설했다. 지금 그 슬로건은 현실이 되었다. 영국은 이미 디자인 강국이다. 디자인 한 가지로 벌어들이는 외화 수입이 2007년 한 해에만 1조 4,625억 원에 달했고, 이는 해마다 늘어날 전망이다.

뉴질랜드 정부 산하의 디자인 진흥기관이 최근 발행한 책자에 "디자인하지 않으면 죽는다"는 제목이 쓰여 있다. 뉴질랜드도 디자인 진흥에 큰 관심을 기울이고 있다. 이제 제조업 위주의 한국이 먹고살 미래 산업은 영화, 드라마, 게임, 뮤지컬 같은 문화 콘텐츠 산업과 디자인 산업이라고 경제 전문가들은 말한다.

이화미디어 고교의 임경묵 교사는 "디자인 교육은 학생들에게 독창적인 생각을 하게 하는데다 사고 과정까지 평가할 수 있다. 부분과 전체를 조화시키고 통합하는 디자인적 사고방식을 길러준다. 자기 생각을 구체적으로 표현하는 과정에서 자연히 사고의 유연성도 기르게 된다"고 말했다.

「중앙일보」의 장욱 기자는 디자인 교육과 관련해 "학생들에게 창의력 DNA를 길러주려면 대학입시와 무관하게 단계별로 교육하는 시스템이 필요하다"고 강조했다.

한국에서는 유일하게 '블루닷Blue Dot'이 전문 디자이너 양성기관이 아닌 일반기초교육, 즉 디자인을 기반으로 한 창의·사고력 교육으로서 디자인 영재교육을 진행하고 있다. 8년 전부터 교수들이 주축이 되어 교육해오고 있으며, 지금까지 1만 2,000여 명의 학생들이 창의·사고력 진단검사를 받거나 직접 교육에 참여해 성공적인 성과를 내고 있는 것으로 평가받고 있다.

02
국가의 미래 척도를 좌우하는 디자인 교육

'디자인 교육'은 결과보다 과정을 중요시한다

창의력을 기르는데 왜 디자인 교육이 끼어드는지 의아하게 생각하는 분들이 있을지도 모른다. 그러나 디자인 교육만큼 창의력 개발에 효과적인 방법도 없다. 그렇다면 가정에서도 디자인 교육을 할 수 있을까? 물론 가능하다. 디자인 교육이 꼭 '쟁이' 혹은 '장인' 처럼 그림을 잘 그리고 만들기를 잘하게 하는 학습만은 아니다.

'디자인' 하면 겉모양이 예쁜 휴대전화, 아름답게 꾸민 실내, 멋있는 의상 같은 외형적인 결과물을 떠올리는 게 사실이다. 대부분이 결과물의 미적 요소, 예를 들어 선이라든가, 색채라든가, 형태라든가, 모양새라든가, 재질이라든가, 명암 같은 점을 고려해 "잘되었다" "못되었다" 따진다. 그러나 '디자인'이란 말은 동사로 쓰일 경우와 명사로 쓰일 경우에 의미가 조금 달라진다. 과정과 결과물에서도 각기 또 다르다.

옥스퍼드 영어사전을 보면, 'design'을 명사로 쓸 때 이는 조직화, 배열과 배치, 밑그림, 목적, 의도, 설계, 구성 등을 의미한다. 한편 동사로 쓸 때는 스케치하는 것, 목표나 목적과 관련해 계획하는 것, 고안해내는 것, 설계하는 것, 구상하는 것, 의도적으로 구성하는 것 등을 의미하게 된다.

또 한 가지 재미있는 풀이가 있다. 'design'의 어원을 따져보면 접두어 'de'와 'sign'이 어울려 만들어졌다. 'de'에는 '에서'와 '분리된다'는 뜻이 있고, 'sign'은 기호라는 뜻이다. 결국 '여러 가지 기호('의미'로 이해하면 된다)에서 뭔가를 끄집어낸다'는 뜻이 된다. 기호(의미)들이 밖으로 튀어나와 세상을 온통 휘젓고 다닌다는 의미도 되고, 기호를 어떻게 선택하고 배열하느냐 하는 전략이자 문제해결 방식이라고도 할 수 있다. 아이들을 위한 디자인 교육은 디자인의 명사적 기능보다 동사적 기능에 더 많은 비중을 둔다.

디자인하라, 그러면 번영을 누리리라

근래 들어 여러 언론매체에서 디자인 관련 논의들이 부쩍 늘고 사회적 관심도 급속히 확산되고 있다.

오세훈 서울시장은 서울을 디자인 도시로 탈바꿈시키는 데 전력 투구하고 있으며, 2008년 10월에는 건국 이래 처음으로 잠실 올림픽 경기장에서 20일간 서울 디자인 올림픽을 개최했다. 9월에는 '21세기 선진 한국을 창조하는 공공 디자인'을 주제로 국회의원 회관에서 '국회 공공 디자인 포럼 전국대회'가 열렸다. 현직 국회의원 25명이 공공 디자인 포럼 회원이고, 전여옥 의원이 권영걸 서울시 부시장과 함께 공동대표를 맡았다. 정치권에서도 디자인의 중요성을 인식하고 있는 것이다.

영국은 대처 수상 이후로 국가 차원에서 투자를 집중해 영국을 먹여 살리는 산업으로 디자인을 키우고 있다. 나라 전체가 디자인 공장이나 마찬가지다.

싱가포르는 "글로벌 디자인 허브 국가"를 비전으로 내세웠다. 디자인 진흥을 위한 정부기관 '디자인 싱가포르'의 에드먼드 청Edmon Chung 위원장은 "노동, 자본, 기술력은 제조업 시대의 경쟁력이지만 21세기는 디자인이 경쟁력"이라고 주장한다. 그리고 "모든 기업인이 이 같은 기술력으로 경쟁하는 지금 디자인이 고부가가치 창출을 위한 조건이며, 삼성이 세계적인 기업이 된 것도 디자인 덕분"이라고 밝혔다.

세계그래픽디자인협의회ICOGRADA 회장인 홍익대의 장동련 교수는 "디자인이 곧 경쟁력"이라고 누누이 강조하면서 전자여권을 예로 들었다. 전자여권이야말로 경쟁력을 지닌 여권이다.

디자인은 기업의 생명줄과 같다. 요즘은 소비자의 안목이 높아져

유머와 감성이 담긴 디자인이 아니면 기능이 아무리 좋아도 시장에서 퇴출되고 만다. 디자인이 강한 기업은 주가도 2배나 높다. 또한 디자인은 국가의 미래다. 제품과 서비스에서 혁신적이고 새로운 가치를 창출하지 못하면 기업과 국가의 경쟁력은 떨어지고 후진국가로 남게 된다. 지속가능한 가치를 만들어내는 중심적인 힘이 디자인인 것이다.

카이스트의 정경원 교수는 이렇게 말했다.

"디자인하라. 그러면 번영하리라."

제품과 서비스의 경쟁력을 창출하는 지름길인 디자인과 관련해 우수 인재를 많이 키우는 것이 당연한 국가적 과제가 되었다.

수타마 헬싱키의 예술·디자인 대학 위리에 소타마 총장은 디자인의 중요성에 대해 이렇게 피력했다.

"디자이너를 거치면 상품(서비스도 포함해서)의 가치가 20배 더 높아진다. 핀란드가 국가 경쟁력에서 세계 1위가 된 것은 디자인 관련 정부정책과 전문가들의 노력 덕분이다."

이노디자인의 김영세 대표는 "디자인이란 기술을 파는 기술이다. 좋은 기술도 좋은 디자인을 만나야 소비자에게 다가갈 수 있다"고 말한다. 그는 '패셔놀로지fashionology'라는 말을 자주 쓴다. 이는 패션fashion과 기술technology을 합친 말이다.

패션과 기술은 분리할 수 없다. 특히 디지털 제품은 디자인이 자기 정체성을 드러내는 자산이다. 디자인은 인간의 정체성에까지 영향을 미친다. 첨단기술과 디자인이 만나면 그것이 미래의 삶이 된다. 거꾸로 디자인이 인간의 행동에 얼마나 큰 영향을 미치는지는 휴대전화를 보면 알 수 있다.

디자인을 아는 경영자가 있는지 여부에 따라서 기업의 흥망이 결정되기도 한다. 좋은 예가 애플사의 CEO인 스티브 잡스Steven P. Jobs 가 말하는 디자인 철학과 삼성의 디자인 경영이다. 스티브 잡스는 "디자인은 사람이 만든 창조물에 영혼을 불어넣는 일"이라고 했다. 제품의 기능은 평준화되었고 차이는 디자인이 결정한다.

2008년 서울시는 디자인 수도를 선포하고 모든 행정과 정책의 중심을 디자인에 두기로 했다. 시의 새로운 성장동력 중 하나로 디자인을 선정한 것이다. 그 후로 새롭게 디자인되고 쾌적해지는 서울의 면모를 목격하고 있지 않은가? 따지고 보면 디자인은 국가와 도시의 품격을 결정한다. 그리고 더 나아가 디자인을 통해 국가 경쟁력을 높여야 한다.

디자인 교육으로 인재 키우기

디자인은 꿈을 현실로 만드는 능력이며, 국가와 기업의 지속가능한 성장에서 원동력 역할을 한다.

디자인 분야에서 부사장과 전무의 지위까지 올라간 인물들이 많다. 삼성전자의 정국현 부사장과 심수옥 전무가 있고, 현대자동차와 LG전자는 디자인 전공 출신에게 부사장급 직책을 맡겼다. 이제 우리나라 기업도 디자인 경영에 발을 들인 것이다.

　디자인 교육을 통한 시지각적 경험은 정보 습득력을 높이고, 언어를 통한 논리적 사고만으로는 부족한 이미지적 사고능력을 향상시킨다. 이 이미지적 사고 과정은 동시다발적이고, 총체적이고, 통합적이고, 신속하다. 그래서 언어의 한계를 뛰어넘는 굉장한 지적 생산성을 발휘할 수 있다. 또한 디자인 교육은 아이들로 하여금 사물의 본질과 실체에 대한 깊이 있는 인식을 가능하게 하고 원리에 대한 이해력을 높인다. 문제해결을 위한 아이디어를 제시하는 능력도 크게 향상시킨다.

　근래에 디자인 조기교육의 중요성을 인식한 세계 여러 나라에서 디자인을 활용해 논리력을 배우는 DIEDesign in Education가 주목을 받고 있다. 우리나라에서도 지식경제부와 한국디자인진흥원이 "디자인 조기교육 정책을 수립해 미술의 개념이 아니라 논리적으로 문제를 해결하고 종합적으로 사고하는 능력을 키우는 것을 목적"으로 프로그램을 개발하는 중이다. 그런데 정부, 국회, 전문가 단체, 대학 등에서 이 방면에 관한 연구를 하고 있지만 기초 교육으로서 창의력을 기르기 위한 디자인 연구는 별로 없다. 대학에서 1년에 3만 8,000명이나 되는 디자인 관련 학과 졸업생을 쏟아내지만 기초 교육의 부실로 발상이 따라주지 못해 멀리 뛰지 못하는 상황이다. 다시 말해 인재로 성장하지 못한다는 말이다.

03

일상에서 시작하는 디자인 교육

눈뜨면 하루 종일 디자인과 만난다

하루는 할아버지 할머니가 오셔서 모처럼 가족이 함께 저녁식사를 하게 되었다. 초등학교 1학년인 가윤이가 갑자기 입을 열었다.

"할아버지, 뭐 바뀐 거 없어요? 말씀해보세요!"

"글쎄다, 뭐가 바뀌었을까?"

"할아버지, 그것도 안 보이세요?"

그러고 보니 아이의 밥그릇이 새것으로 바뀌었다. 전에는 동그랗고 작은 그릇이었는데 지금은 방사형의 큰 그릇이다. 예뻤다. 꽃무늬가 있는 그릇으로 바뀐 것을 할아버지는 눈치채지 못했다.

눈을 뜨면서부터 우리는 디자인의 홍수 속에 살게 된다. 침대, 세

면대, 변기, 진공청소기, 공기청정기, 정수기, 텔레비전, 이불, 수건, 실내장식……. 디자인에 관련된 아이템은 무수히 많다. 원하기만 하면 아이들의 디자인 교육을 자연스럽게 진행해볼 수 있다.

❶ 쇼핑하면서 아이들에게 의견을 묻는다.

"가윤아, 네 밥그릇을 새로 바꿔야겠는데 마트에 가서 골라봐. 지금까지 쓰던 그릇은 좀 작기도 하고 흠이 나서 말이야."

그리고 마트에서 그릇을 고를 때 어떤 점을 고려해야 할지 함께 이야기해보자. 이때 먼저 아이에게 물어보는 것이 좋다.

"가윤아, 어떤 그릇이 좋을까?"

그리고 이유를 묻는다.

"왜?"

그 대신에 아이에게 정보를 주면 된다. 모양, 색깔, 값, 튼튼한 정도, 제작회사, 제작연도 등에 대해 알려주고 몇 가지 후보군을 골라 비교하는 것이다. 제일 중요한 것은 그릇으로서의 기능과 그릇의 조형적 가치다. 음식을 담을 때 편리해야 하고, 보기 좋아야 하고, 설거지가 쉬워야 한다. 그리고 동시에 예뻐야 한다.

기능은 비교적 쉽게 감별할 수 있지만 예쁜지, 감동을 주는지 하는 조형적 가치는 개성에 따라 달라지니 판단이 쉽지는 않을 것이다. 그래도 모든 것을 고려해 그릇을 구입하기까지의 과정이 바로 디자인 교육이다. 결과적으로 소비자로서 안목이 높아진다. 아이들의 학용품, 옷가지, 신발, 액세서리, 침구용품 등을 살 때 아이와 함께 고

민해보자.

❷ 집안 인테리어를 바꾸거나 가구를 새로 들여놓을 때 아이에게 의견을 묻는다.

"가윤아, 올 봄에 집안을 아름답게 꾸미려고 하는데 넌 무엇을 어떻게 바꾸면 좋겠니?"

하고 물으면 의외로 아이들의 감각이 놀라울 정도로 세련된 데 놀랄 때가 있다.

"엄마, 그건 좀 촌스러워. 이게 더 세련돼. 이걸로 해."

"아빠, 난 이런 디자인 싫어. 유행이 지났거든. 요즘 사람들은 이런 거 안 해."

"엄마, 느낌이 좋아. 이걸로 해."

❸ 아이들의 방 혹은 창문 장식하기, 모빌 만들기, 장난감 만들기, 손가방 만들기 등에서 디자인 아이디어를 발휘하게 한다.

"방을 예쁘게 꾸며주려고 하는데 네 생각을 먼저 말해봐."

이때 어떻게 바꿀지 아이들이 계획을 세우게 하면 좋다. 그리고 제일 중요하게 여기는 부분이 무엇인지 의논하고 그림으로 그려보게 한다. 단, 현실성이 있는 그림으로 가능한 한 정교하게 그리도록 한다. 아이의 의견을 전적으로 채택하기는 어렵겠지만 일단 디자인 아이디어를 떠올리도록 자극하는 것이 중요하다. 이 과정에서 '디자인'의 창의적, 발상적, 심미적, 기능적 가치가 발휘된다.

4 치밀하게 관찰하는 습관을 들인다.

디자인 기능의 핵심은 시지각적 능력이다. 모든 작업은 일단 시각화 하는 데서 시작한다. 그래픽디자인이든 산업디자인이든 인테리어디 자인이든 실현할 최종 작품을 설계라는 이름의 그림으로 나타내야 한다. 그러려면 그림이 정교해야 하는데 사물을 정밀하게 관찰하는 능력이 이를 뒷받침한다.

공부를 하든, 관람을 하든, 체험을 하든, 여행을 하든, 아이들이 눈 으로 보고 배우고 경험하는 일에서 '눈여겨보는 습관'이 제일 중요 하다. 그러므로 이렇게 말해주자.

"자세히 봐."

"요모조모 따져가면서 봐."

"이리저리 살펴봐."

"본 것을 적어봐."

"그림으로 그려보는 것도 좋지 않을까?"

"이 부분은 어떤 것 같아?"

5 사물을 보는 안목을 길러준다.

"이건 뭐 하는 걸까?" (본질적 기능)

"이 물건, 성능은 괜찮은가?" (기능의 효율성)

"이거 예뻐? 매력적이야?" (미적 감각)

"색깔이나 모양은 어때?" (조형적 감각)

"기술이 발달했어? 다른 기계보다 기술이 앞서 있어?" (기술력)

❻ '나 같으면 이렇게 하겠다'고 생각하게 한다.

사실 이 대목이 중요하다. 디자인 교육의 핵심은 창의력을 기르는 데 있고, 디자인의 기술적인 면은 그다음의 일이다. 가정에서의 디자인 교육을 통해 부모는 매사에 호기심을 가지고 보고, '왜 저렇게 했을까? 나 같으면 이렇게 할 텐데……' 하는 도전적인 태도와 습관을 길러줄 수 있다. "너 같으면 어떻게 하겠니?" 하고 묻는 부모가 훌륭한 디자인 교사다.

04

21세기 대세는 디자인 스쿨이다

로스쿨에 목매는 것은 창의력과 거리가 멀다

우리나라 대학들은 2009학년부터 처음으로 로스쿨 신입생을 받았다. 정부에서 일차적으로 14개 대학에 인가를 내주었다. 신입생을 배정받지 못한 대학에서는 헌법소원을 내고 총장을 해임하고 야단들이다. 왜 대학들은 로스쿨에 목을 매는가?

첫째, 로스쿨 졸업생이 장차 사회의 지도자급 인물이 될 것이라는 막연한 소망이 있다. 과연 그렇게 될까? 로스쿨은 과거 사법고시의 대안이다. 사법시험에 통과하고 사법연수원을 나오면 변호사는 맡아놓은 당상이고 판사, 검사, 정부 고위 관료, 국회의원 등 권력기관에 자리를 잡는 사람이 많아서 학교의 명성에 플러스가 된다.

둘째, 로스쿨이 있으면 머리 좋은 인재들이 모이기 때문에 학교에 대한 사회적 평판이나 평가가 높아진다. 졸업 이후에는 최소한 그 명성 덕분에 전문 분야에서 지도적인 위치에 올라설 기회도 많다.

셋째, 우리의 편견이겠지만 어려운 고시를 뚫은 소수 인재이니까 장차 사회의 발전을 위해 이바지하리라는 전제가 깔려 있다.

로스쿨이란 법률 전문 대학원이 아닌가? 법을 배우는 기관이다. 법이란 규율이고 구속력을 가진 규칙이므로 창조적인 일과 별로 인연이 없다. 법을 다루는 사람들은 예술가나 과학자들에 비해 직업의 성격상 덜 창조적이다. 창조적이 되려면 틀을 만들기(입법)보다는 틀(법)을 깨는 작업을, 정해진 것(실존법)을 존중하고 해석하기보다는 새롭고 개성적인 양식을 만들어야 한다. 따라서 로스쿨에 갈 만한 능력과 실력을 갖춘 아이라면 창의력이 요구되는 디자인 공부를 시키라고 권하고 싶다.

디자인 전문가는 글로벌 인재가 된다

두 코스 사이에는 어떤 차이가 있는가? 디자인 스쿨을 나온 사람이 로스쿨을 나온 사람보다 더 글로벌한가? 정말 그렇다면 이유를 좀 살펴보자.

❶ 디자인 전문가가 되기 위해 학교를 많이 다닐 필요는 없다. 디자

인 전문가의 능력을 결정하는 조건은 학교에서 교육받은 기간이 아니라 창의력이다. 우리나라의 유명한 패션 디자이너로서 세계적인 명성을 누리고 있는 앙드레 김이 그 예다. 고등학교를 졸업하고 국제복장학원을 다닌 학력이 전부이지만 개성적인 감각과 창의력이 그를 세계적인 디자이너로 올려놓았다. 일본의 세계적인 건축가 안도 다다오도 고등학교 졸업장밖에 없다. 창의력에서 중요한 것은 학력이 아니다.

❷ 법률을 공부하면 대부분 법조인으로서 국내용 인재로 채용되거나 국내용 일을 많이 하게 된다. 그러나 디자인 전문가의 세계에는 국경선이 없다. 우리나라 용인시에 세워진 백남준 기념미술관, 한남동의 리움미술관, 교보빌딩, 강남 삼성타운 등이 모두 외국의 유명한 건축가가 만들어낸 작품이다. 반면에 일본의 로스쿨을 나온 사람을 우리나라에서 불러 쓰는 사례를 보았는가?

❸ 로스쿨을 나오면 대부분 봉급생활자가 되지만 디자인 전문가들은 스스로 1인 CEO가 된다. 수입 면에서 보아도 명성을 얻은 디자인 전문가의 로열티는 건당 몇억 단위로 올라간다.

❹ 로스쿨에 갈 만한 아이라면 디자인 전문가로서 자아실현에 성공해 훨씬 큰 가치를 맛볼 수 있다. 창의적인 작업은 개성, 개인적인 목표 혹은 꿈과 연계된 작업이기 때문이다.

❺ 창의적인 디자인 작업의 결과는 역사에 영원한 흔적으로 남는다. 그러나 법률서비스는 역사성에서 뒤떨어진다.

디자인 전문가는 글로벌 유목민이다

아이들 장난감, 우리가 입은 재킷, 넥타이, 액세서리, 안경, 가방, 매일 아침 사용하는 면도기, 거실에 설치한 오디오 중 한두 가지는 외국 브랜드일 것이다. 아마도 세계적인 브랜드 파워를 지닌 디자이너의 것일 가능성이 크다. 이러한 브랜드가 우리 주변에 널려 있다. 경제력이 커지면서 자연히 세계적으로 유명한 디자이너의 작품에 접근할 기회가 많아졌다. 선물 받거나 여행하다가, 호기심으로, 또는 자랑하려고 구입하게 된다. 그리고 어느덧 디자이너의 특징을 참고해 상품을 선택한다.

디자인 전문가는 국경을 넘나들면서 자기 작품을 판다. 직접 제조해서 팔기도 하지만 디자인만 파는 경우도 있다. 작품(제품) 자체를 팔기보다는 디자인만 파는 편이 훨씬 부가가치가 높다. 제품을 만들려면 공장을 지어야 하고, 사람을 고용해야 하고, 원자재를 들여와야 하고, 제품을 수송해야 하고, 팔아야 하고, 재고 처리도 해야 하고, 이익을 내야 한다. 디자인 전문가는 아주 간단하게 처리하면 된다. 디스켓이나 필름만 건네도 된다. 뒷일은 책임질 필요가 없다. 그래서 부가가치가 높다는 말이다.

이런 일을 하는 디자인 전문가는 세계를 좁다고 누비고 다닌다. 국경을 탓하지 않는다. 외국에서 디자이너를 모셔 간다. 칙사 대접도 받는다. 언론에 크게 부각된다. 조명도 받는다. 그러나 정치가는 수입하지 않는다. 정치가에게는 늘 국경이라는 장벽이 따라다닌다.

유목민은 수렵을 위해 혹은 초원을 따라 이동한다. 그들에게는 국경이 없다. 디자인 전문가들은 새로운 유목민이다. 디자인 전문가들도 국경 없이 세계를 누빈다. 신조어인 '테크노 노매드Techno-nomad'는 기술 시대의 유목민을 뜻한다. 요즘 젊은이들이 인터넷이나 휴대전화 하나만 가지고 전 세계를 다니는 데서 유래했다. 온라인이나 오프라인 통신수단을 이용하면서 유목민처럼 돌아다니기 때문이다. 디자인 전문가는 국경을 넘나든다는 면에서, 그리고 전문 영역을 넘나든다는 면에서 새로운 유목민이라고 할 수 있다.

마찬가지로 디자인 전문가들은 미술 영역에서 해방되었다. 이제는 기술(테크놀로지), 산업(제품제조), 도시설계, 건축, 패션, 실내장식, 기업이미지, 게임영상, 방송광고 등 디자이너의 손이 안 닿는 곳이 없을 정도다.

기술 영역에서는 거꾸로 디자인 영역으로 역주행하는 경우도 많다. 예를 들어 안전면도기는 여행자가 만들었다. 코닥필름은 음악가가 만들고, 볼펜은 조각가가 만들고, 자동전화기는 한 사업가가 만들었다. 주차 미터기는 기자가 만들었으며, 공기를 넣는 자동차 타이어는 수의사가 만들었다. LP 레코드는 텔레비전 기술자가 발명한 것이다. 우리에게 잘 알려진 레오나르도 다빈치는 불후의 명작인

〈모나리자〉를 그린 화가이자 건축가이고, 자명종 시계를 만든 발명가였다. 발명가는 디자인 전문가이고, 디자인 전문가는 발명가다.

기술과 디자인은 함께 가야 한다. 두 영역은 서로 개방되고, 디자인 전문가는 두 영역을 두루 왔다 갔다 해야 한다. 영역의 경계선을 없애야 한다. 패션 디자이너인 앙드레 김도 옷만 만들지 않고 도자기, 침구류, 안경 등 다양한 영역으로 사업을 넓히고 있다. 디자인 전문가에게는 경계선이 없다. 김영세 같은 디자인 전문가는 세상을 디자인하겠다고 나섰다. 디자인 전문가의 영역은 무궁무진하다.

어릴 때부터 디자인 교육을 받은 아이들은 어떤 전공을 택하든, 어떤 직업을 갖든, 어떤 일을 맡든 다 해낼 수 있는 저력을 가지게 된다. 그 능력이 바로 창의력이고 문제해결력이다.

05 엄마, 아빠도 디자인 마인드가 필요하다

"디자이너는 바로 당신이다."
경노훈(인천대 교수)

"디자인하지 않으면 죽는다."
뉴질랜드 정부기관

아이들의 일상은 온통 디자인으로 덮여 있다

가윤이가 유치원에 다닐 때 할머니가 원피스를 사주려고 백화점에 데려갔다. 할머니가 보기에 좋아 보이는 원피스를 골라 입어보라니까 아이가 말했다.

"할머니, 그건 디자인이 좀 촌스러워요."

할머니가 놀라서 이유를 물으니 이렇게 대답한다.

"모양과 색깔이 마음에 안 들어요. 저는 파스텔 색이 좋거든요."

이제 초등학교에 다니는 가윤이는 옷은 말할 것도 없고 운동화, 구두, 머리핀, 학용품, 장난감, 인형, 심지어 팬티에 이르기까지 자신이 직접 고른다. 이는 아마도 많은 아이들에게서 나타나는 보편적인 경향일 것이다.

지금은 바야흐로 디자인 시대다. "디자인하라. 아니면 사표를 내라"고 했던 영국 대처 총리의 말은 "디자인하라. 아니면 죽는다"로까지 발전했다.

아침에 눈을 뜨고 일어나서 밤에 잠자리에 들기까지 우리는 디자인과 함께 살고 대결한다. 함께 산다는 것은 그 디자인의 영향을 잘 소화시켜가면서 산다는 뜻이고, 대결한다는 것은 불편을 참아가면서 힘겹게 산다는 뜻이다.

예를 들어 휴대전화가 처음에 나왔을 때는 무거운데다 색이 검어서 꼭 군용 워키토키 같았다. 호주머니에 넣고 다닐 수도 없었다. 지금은 저고리 바깥 주머니에 넣고 다닐 만큼 편리해졌다. 버스 노선은 대결의 한 사례로 지적할 수 있다. 노선을 잘못 설계해 시민들이 불편을 느낄 때가 한두 번이 아니다.

디자인 마인드Design-Mind는 앞으로 소비자가 갖추어야 할 안목하고도 관계가 있다. 소비자 교육의 일환으로 디자인 교육이 절실하다. 소비자의 디자인 안목에 따라서 상품의 질이 달라진다. 안목이 없으면 2008년 이전의 중국제 장난감처럼 쉬 망가지고, 손에 물감이 묻고, 배터리가 빨리 닳고, 나사가 빠지고, 뒤틀리는 것을 샀다가 돈만 날리고 말 것이다. 금전적인 손해와 더불어 물리적으로도 손해를 보게 된다. 다치거나, 병에 걸리거나, 중독되거나, 스트레스를 받을 가능성도 있다. 상품을 쓰는 내내 찜찜하고 개운치 않는 느낌을 털어버리지 못하면 물심양면으로 손해다.

아이들에게는 결과보다 과정이 더 중요하다

미국의 유명한 산업디자이너 빅터 파파넥Victor Papanek은 "디자인 교육이 크게 도움이 될 수 있는 곳은 교육 분야다. 특히 모든 유치원, 초등학교, 중등학교 학생을 위한 디자인 교육이 가장 필요하다"고 했다. 이미 말했듯이 덴마크, 핀란드, 영국에서는 유치원에서도 디자인 교육을 하고 있다.

유치원 아이들에게 디자인 교육을 실시한다는 것은 그만큼 디자인 교육이 문제해결력 향상에 중요한 영향을 미친다는 증거이기도 하다. 다만 어린아이들을 위한 디자인 교육은 결과물에 의한 제품(완성된 작품) 디자인 교육이 아니라 왜, 어떻게로 이어지는 과정 중심 교육이다. 즉 디자인적 학습 과정에서 나타나는 아이들의 행동 변화가 더 중요하다.

디자인에 관심을 두는 부모들이라면 우선 소비자로서 판단능력을 길러주는 것이 좋다. 가정에서 가능한 디자인 교육에서 기대할 수 있는 변화는 다음과 같다.

❶ 디자인은 합목적적인 작업으로 목적 지향성이 분명하다.

따라서 아이들이 계획된 행동을 할 때나 문제를 해결할 때 목적에 맞게 행동을 계획하고 절차를 밟아가는 행동을 부추길 수 있다. 머리가 좋은 사람과 나쁜 사람의 차이점 중 하나가 목적 지향성이다. 머리가 좋은 사람은 일할 때 목적 달성에 집중함으로써 시간과 노력의 낭비를 줄인다. 여기서 목적이란 본질에 충실한 것을 말하기 때문에 본질에서 벗어나지 않도록 주의를 집중해야 한다. 예를 들어 "얘, 이 노인용 숟가락이 잘 만들어졌니?" 하고 물어보자. 이 질문은 노인들이 쓰기에 편리하고 안전한지가 중요한 본질이다. 그 본질에 맞는지 여부를 따져야 한다.

❷ 경제성 혹은 경제적 효과를 따지는 행동을 들 수 있다.

아무리 예뻐 보이는 제품이라도 값이 비싸면 소비자에게 부담이 된다. 비싼 제품은 대중적인 효용가치가 떨어지므로 적절한 수준의 가격인지 따지는 안목이 요구된다. "얘, 이건 너무 비싸지 않지? 제값어치를 할까?" 하고 따져보는 안목 말이다. 그럼으로써 디자인 평가에서 경제성을 함께 따질 줄 아는 능력을 갖추게 된다.

❸ 흔한지, 아니면 별난지를 따지는 안목이 필요하다.

즉 독창성이다. 이미 비슷한 것이 있고 그보다 비싸다면 별로 가치가 없는 제품이다. 비단 소비재뿐만 아니라 광고물, 건물, 실내장식, 예술품에 이르기까지 어디서 본 것과 비슷한 것은 가치가 떨어진다는 사실을 학습시키면 된다. "얘, 저거 어디서 본 듯하지 않니?" 하고 물어보자.

❹ 미적 효과 내지는 아름다움을 평가할 줄 알아야 한다.

제품에 대해 "예쁘다", "멋있다", "아름답다", "스마트하다", "엘레

강스하다", "고상하다", "품위 있다", "조화가 잘 된다" 같은 심미적인 기준을 적용해 판단하는 능력을 길러주자. 이때 방법을 알려주면 좋다. 선, 색채, 구성, 형태나 형체, 질감 등은 어떤지 분석하는 방법을 가르쳐주는 것도 디자인 교육이다.

디자인 마인드를 가진 엄마, 아빠 되기

디자인 비전문가인 보통 사람들이라도 자신이 디자이너라고 가정하고 보면 세상이 달리 보인다. 가정에서도 부모가 디자이너가 되었다는 가정 아래서 아이들과 함께 세상일을 디자인적인 안목으로 평가하는 노력을 기울여보자. 그다지 어렵고 새삼스러운 일은 아니다. 집에서 늘 해오던 방식을 좀더 의미 있게 만들면 된다. 그럼으로써 아이들이 자연스럽게 디자인 감각을 익히고, 나아가 그러한 안목이 디자인적인 창의력으로 발전하게 된다. 모든 노력이 쌓이면 아이가 창의적인 인재로 성장하는 바탕이 되어줄 것이다.

❶ 아이들과 함께 시각 세계에 흥미를 보이고 그 변화에 빨리 반응하는 감각을 기른다.
새로 나온 생활용품에 대해 아이들과 함께 흥미를 가지고 평가해보자. 예를 들어 새로 나온 동화책을 샀다고 하자. "표지 디자인이 어떠니?" "편집에서 활자의 크기나 색은 어때?" "삽화는 누가 그렸

어? 삽화(일러스트)만 봐도 내용을 짐작할 수 있겠어?" 새로 산 자전거도 분석해보자. "이 자전거, 디자인이 어때?" "핸들이 좀 불편하게 휘어졌어." "헤드라이트의 위치가 잘못된 것 같아." "안장의 각도가 어린아이들의 엉덩이와 잘 안 맞는 것 같아." 이 밖에도 건축물, 패션, 상품, 광고 등 인공물들의 새로운 부분과 변화에 대해 감각능력을 키우는 것이다.

❷ 일을 시작할 때 의도, 목적, 기대하는 효과를 분명히 설정하고 의식화한다.

"이 건물을 무엇에 쓰려고 지었을까? 제대로 만들어졌을까?" "이 장난감은 왜 이렇게 만들었을까?" "이 이불, 마음에 들어? 어디가 특히 마음에 들어?" "이 신발은 좀 독특하다. 이렇게 만들어도 불편하지 않니?"

이렇게 아이들한테 물어보고 함께 검토해보는 노력은 생각처럼 어렵지 않다.

❸ 목적을 내세웠으면 계획을 짜는 노력을 보여준다.

"자, 언제까지 끝낼까? 순서는 어떻게 하지? 무엇부터 할 거야?" "종이에 계획표를 그려보자. 내용과 날짜를 함께 적어두면 좋겠지." 이 과정을 통해 계획성을 길러줄 수 있다.

❹ 문제를 해결하는 과정에서 어떤 시각매체를 이용하고 재료를 활

용할지 결정한다.

생각을 한번 꼽아본다. 예를 들어 집안 환경을 정리한다고 하자. 어떤 벽지를, 어떤 타일을, 어떤 합판을, 어떤 유리를 쓸지 판단하는 안목을 키워야 한다. 인테리어는 평생 필요한 작업이기 때문에 어릴 때부터 연습해두면 좋다. 각 시각매체들의 특성을 연구하고 또 연구해보는 노력이 필요하다.

❺ 재료를 가지고 어떻게 요리할지 연구한다.

디자인에서는 재료를 사용하는 능력이 대단히 중요하다. 재료를 가지고 선과 형태, 재질, 질감, 색채, 기능을 살리는 방법을 아는 것은 소중한 자산이다. 재료로 조직하고, 배치하고, 구성하고, 조화시켜 전체적인 하나의 구성물로서 가치를 발휘하도록 하는 능력을 길러주어야 한다.

❻ 최종 산물이 우리에게 즐거움과 만족감을 주는지 평가하는 능력과 태도가 필요하다.

가령 제품이나 결과물이 과연 아름다운가? 예쁜가? 매력적인가? 감성에 와 닿는가? 이야깃거리(스토리)가 숨어 있는가? 유머가 있는가? 창의적인가? 독창적인가? 개성적인가? 이러한 부분을 따져보는 것은 디자인의 철학과도 상당 부분 맞아떨어지는 대목이다. 그러나 목적에 맞는지, 내구성이 있는지, 값은 적당한지, 기능적인지를 따지는 능력은 전혀 필요하지 않을까?

❼ 문제점을 곰곰이 생각하고 해결할 방법을 다방면으로 찾아본다.
가능한 한 많은 해답을 제기하고, 그 답을 여러 가지로 실험하고, 검
토하고, 답을 재검토하면서 문제를 풀어갈 때 바로 아이들이 창의적
인 사람으로 자란다.

❽ 가능하면 모든 과정을 그림으로 나타내는 연습을 한다.
잘 그리고 못 그리고를 따지지 않고 일상적으로 그림을 그리는 습관
은 모든 창조적인 작가들에게서 찾아볼 수 있다. 그들은 그리기를
멈추지 않는다.

❾ 남과 달리 유별나게 표현하는 습관을 들여놓는 게 중요하다.
개성적이고 독창적인 것을 만들어야 가치를 인정받는다. 남의 흉내
를 내는 일로는 명예를 얻을 수도, 돈을 벌 수도 없다. 곧 사라질 뿐
이다. 자신에게만 있는 독특함이 무엇인지를 생각해보아야 한다.

박물관을 옆집 드나들듯 하라

"아는 것이 힘이다. 그러나 보는 것은 아는 것의 근원이다."

I. "Oh, I see."

"Oh, I see"는 "오, 나는 본다"가 아니라 "응, 알았어", "아, 알겠어" 하는 뜻이다. 'see'가 이때는 '본다'가 아닌 '안다'가 된다. 그러니까 "보는 것이 아는 것"이다. 우리가 가진 지식과 정보는 대부분 눈을 통한 자극으로 인해 만들어진다. "백문이불여일견"이라는 옛말은 현대에도 의미가 있다.

우리나라 사람들은 구경하는 것을 좋아하면서도 정확하게 보지 못하는 경향이 있다. 가장 전형적인 사례가 은행이나 보험사의 약관과 관련된 분쟁이다. 일이 생겨 돈을 청구하러 창구에 가면 "그런 계약 조건은 없습니다" 한다. 설계사의 말만 믿고 가입했지 약관을 일일이 읽어보고 서명한 것이 아니기 때문이다. 그러나 "설계사가 그렇게 말하던데요?"라고 해봤자 소용이 없다.

세계를 보는 눈, 현상을 철저히 관찰하는 눈, 정밀하게 뜯어보고 꼼꼼히 살피는 눈을 가지도록 아이들을 훈련시키고, 봄으로써 획득할 수 있는 지식과 정보를 철저히 검증하는 습관을 기르고, 그 많고 다양한 정보의 홍수에서 홍미로운 세계를 넓혀주고 관심을 드높이는 방법이 바로 박물관, 미술관, 과학관 등을 즐겨 찾는 것이다.

이런 문화시설에서 얻는 정보는 새로운 것을 만들어내는 데 크게 참고할 만하다. 예를 들어 한 발명가가 일회용품을 발명했다고 특허를 신청했더니 이미 100년 전에 외국에서 특허를 받은 것이더라는 이야기가 있다. 물론 특허에는 시효가 있다. 하지만 이미 그 아이디어는 낡은 것이다. 역사박물관에 열심히 드나들었다면 그 같은 헛수고는 하지 않았을 것이다.

박물관은 아이디어의 보고다. 단, 그냥 대강대강 넘어가는 식으로 보아서는 창조로 이어지기 어렵다.

2. 그곳에 가면 지적 충격을 받는다

이런 시설들에는 우리가 놀랄 만한 정보들이 무궁무진하게 널려 있다. 보통 '유물'이라고 하면 50년만 되어도 그 범주에 포함된다. 특히 미국은 역사가 200여 년밖에 안 되므로 50년 이상 된 물건이면 유물로 친다. 우리나라 사람들은 100년쯤 된 것도 버리는 나쁜 습관이 있는데 아주 잘못된 인식이다.

박물관에 가면 우리는 인류의 조상이 남겨놓은 유물들을 보고 엄청난 지적 충격을 받게 된다. 상상을 초월하는 일들이 이미 몇백 년 전, 몇천 년 전에 있었기 때문이다. 이 시대만 문명적으로 잘사는 게 아니라 2,000년 전의 로마나 신라 시대에도 꽤 높은 생활수준을 영위했다. 이외에도 상상력을 동원해야 이해할 수 있는 내용이 지천이다. 특히 자연사박물관의 경우에는 지구에 존재했던 각종 광물자원과 수중생물, 육상생물, 그중에서도 고생물, 예컨대 공룡이라든가 거대 도마뱀, 매머드, 익조화석, 그리고 복원된 모형을 보고 놀라지 않을 수 없다.

미술관에서는 작가의 놀라운 예술적 상상력과 표현력에 경탄하며 표현의 충동을 느끼게 된다. 여기서 아이들은 인간이 서로 얼마나 다르게 생각하고 느낄 수 있는지, 표현 방식은 어떻게 달라질 수 있는지 발견하게 된다. 무한한 상상력과 만나게 되는 것이다.

아이들도 나름대로 전시된 작품에서 감동을 받는다. 어떤 작품 앞에서는 꼼짝 않고 들여다보는 광경을 목격할 때도 있다. 이런 충격 경험이 아이들에게는 소중한 정신적 자산이 된다.

이것들 말고도 각종 전시물은 얼마든지 있다. 인터넷을 통해 관련 정보를 찾아 기회가 있을 때마다 아이들에게 소개하고 함께 관람해 보는 것을 어떨까?

3. 꼼꼼히 살펴보는 습관을 길러라

우리나라 사람들이 전시물을 관람하는 태도는 빵점이다. 눈으로 보지 않고 일단 손으로 만지려고 든다. 전시물을 훼손하는 경우도 많다. 아이들과 함께 갈 때는 관람하는 자세부터 일러주어야 할 것이다.

- 공책을 가져가 본 것을 기록하게 한다.
- 집에 돌아오면 기록한 것을 반드시 정리해두도록 한다.

- 관찰할 때 자세히 꼼꼼하게 보고 구석구석 철저히 살피는 태도를 길러준다.
- 관심이 가거나 특별히 감동적인 부분은 좀더 자세히 관찰하고 기록하게 한다.
- 가능하면 관람을 정기화한다. 관람을 생활화하라는 말이다.
- 기관에서 얻을 수 있는 자료, 팸플릿, 카탈로그 등을 수집해 정리해둔다.
- 무엇보다도 아이들이 본 것을 다른 사람에게 알리도록 하는 게 중요하다. 그럼으로써 본 것을 영구히 자기 것으로 만들 수 있다.

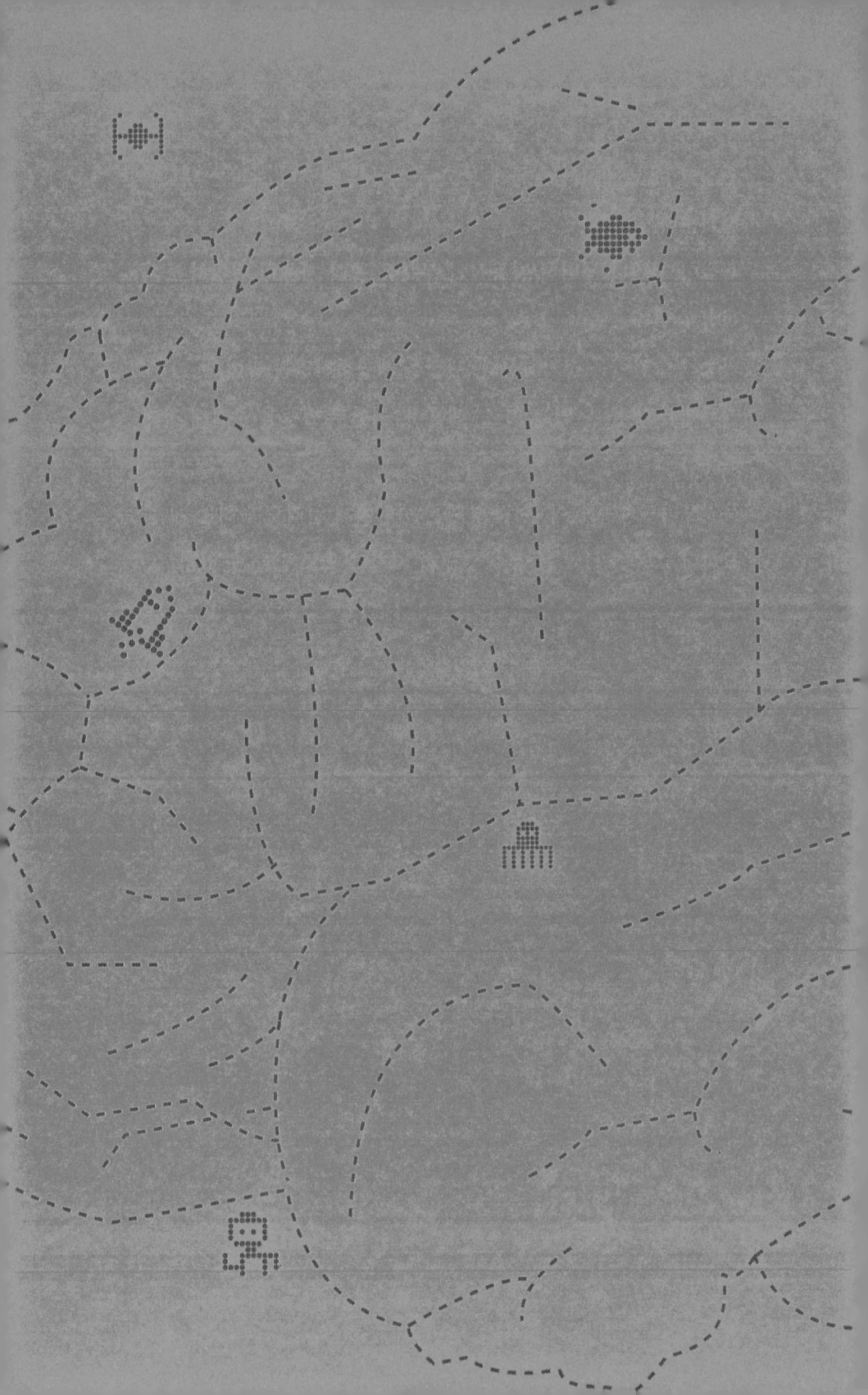

창의력의 원천, 상상력

"상상력은 지식보다 중요하다.
지식에는 한계가 있지만 상상력은 전 세계를
포함하고, 진보를 촉구하고, 진보를 낳기 때문이다."
앨버트 아인슈타인

상상력이란 무엇인가

창의력의 원동력은 상상력이다. 상상의 세계는 영원의 세계로 통한다. 창조를 하려거든 상상에 날개를 달아라. 상상력이란 과거의 경험을 재료로 바깥세상의 제약이나 영향을 받지 않고, 아니 그것을 넘어 새로운 이미지로 재구성하는 능력을 말한다. 과거 경험이 빈약해도 그 내용물을 잘 재구성하면 새롭고 창의적인 이야깃거리, 새로운 시각 이미지, 새로운 음악, 새로운 몸짓으로 탄생시킬 수 있다. 이런 능력을 상상력이라고 한다.

과학기술의 새로운 발명, 발견, 이론 정립, 새로운 예술 창조는 상상에서 출발한다. 아인슈타인의 상대성 이론, 셰익스피어의 비극, 베토벤의 피아노 소나타와 교향곡, 볼쇼이 발레단의 《백조의 호수》, 백남준의 비디오 아트 등 이 모든 것이 상상력의 산물이다.

마법보다 더 강력한 상상력

『해리포터』 시리즈를 쓴 영국 작가 조앤 롤링은 영국 엑세스대 불문학과를 졸업했다. 1965년생이니까 우리 나이로는 마흔다섯 살이다. 그녀는 어렵게 살아온 가난한 작가였다. 지붕 아래 방에서 딸과 함께 살았고, 심지어 방세를 못 내 쫓겨날 지경에 이른 적도 있다. 그러던 그녀가 일약 세계적인 작가의 반열에 올랐을 뿐만 아니라 엄청난 부를 거머쥐게 되었다. 『해리포터』 시리즈의 인세, 영화 원작료, 비디오 판권 인세, 각종 캐릭터 로열티 등을 합해 2007년 한 해 동안에만 3,700억 원을 벌었다니 놀라울 따름이다.

그런 그가 2008년 6월 5일 미국의 명문대학인 하버드대에서 명예문학박사 학위를 받아 명예, 돈, 작가로서의 성취 이 세 가지 목표를 모두 달성한 드문 존재가 되었다. 이때 학위수여식에서 롤링이 한 연설의 요지는 이렇다.

"세상을 바꾸는 일에 마법은 필요 없습니다(『해리포터』 시리즈가 마법과 관련되었기 때문에 언급한 듯하다). 우리는 이미 더 나은 '상상력' 이라는 힘을 갖고 있습니다. 더 나은 세상을 만들기 위해 지성과 특권을 활용해주십시오. 밑바닥 생활은 내가 인생을 새로 만드는 굳은 기반이 되었습니다(『해리포터』를 쓰기 이전의 가난을 회상하면서).”

“역경을 거치기 전에는 진정으로 자신을 알 수 없으며, 실패를 경험하고 이를 극복하면 더욱 강하고 현명해집니다.”

“상상력은 인간만이 가진 능력일 뿐 아니라 존재하지 않는 것도 눈에 보이게 만드는 능력으로, 발명과 혁신의 원천입니다. 여러분은 이런 능력을 주위의 어려운 사람들을 위해 사용하기 바랍니다.”

롤링은 졸업생들에게 기립박수를 받았다.

그는 마법 이야기를 써서 명성을 얻었지만 그 마법과 같은 이야기는 그의 상상력에서 나온 것이다.

상상력이 일상적인 기초생활조차 어려웠던 가난한 작가를 세계적인 작가로 만들었다. 상상력은 인간만이 가진 특권이다. 이를 저버리면 동물의 감각적이고 본능적인 삶과 별로 다를 바 없는 삶이다.

상상력을 자극하는 교육 포인트

지금부터 자녀의 상상력을 키워주기 위해 다음과 같은 교육전략을 활용해보자.

❶ 공감각(共感覺)을 자극한다.

눈으로 보고 소리로 연상하고, 귀로 듣고 언어로 연상하고, 맛을 보고 이미지로 연상하고, 귀로 듣고 몸짓으로 연상하는 것을 말한다.

귀로 들은 것을 청각경험으로만 받아들이지 말고 다른 감각을 동원해 연상하는 것이다. 아이에게 이렇게 말해보자. "이 소리를 듣고 몸짓으로 느낌을 표현해봐."

❷ 역할 연기를 하게 한다.
아이들에게 역할을 부여함으로써 생각을 이끌어내자. "네가 만화가가 되었다 생각하고, 네가 과학자가 되었다 생각하고, 네가 건축가가 되었다 생각하고, 이러이러한 것을 만들어봐."

❸ 새로운 놀이기구나 장난감을 주고 나름대로 노는 방법과 규칙을 만들어보게 한다.
가능한 한 여러 가지 많은 방법을 고안하는 게 효과적이다.

❹ "생각해봐"라고 자주 말한다.
생각하는 습관을 자극하자. 생각 없이 충동적으로, 남이 하는 것을 보고 따라 해서는 안 된다. 아이가 자기 머리로 생각하는 버릇을 길러주는 것이 중요하다.

❺ 가상의 질문을 하고, 또 질문을 많이 하게 한다.
"만일 이러면 어떻게 될까?" "만일 내일부터 해님이 나오지 않으면 세상은 어떻게 될까?" 이렇게 여러 가지 가정하에 질문을 하고 아이에게도 그런 질문을 만들어보게 하자.

❻ 동화나 동시를 읽어주되 구연법을 잘 구사해 상상력을 자극한다.

성우가 라디오 드라마를 연기하듯이 읽어주면 아이들은 무한한 상상력을 펼치게 된다. 상상력을 키우는 데는 텔레비전보다 라디오 같은 매체가 훨씬 좋다.

❼ 영화나 애니메이션 등 비디오 매체를 활용한다.

영화 중에서도 SF 영화가 좋고, 애니메이션 중에서도 디즈니가 만든 《판타지아》 같은 작품이 아이들로 하여금 무한한 상상력을 펼치게 만든다. 예를 들어 스티븐 스필버그의 《쥬라기 공원》, 조지 루카스의 《스타워즈》는 교육적으로도 꽤 좋은 영화다.

❽ 불편한 부분을 고치는 것에 대해 생각하게 한다.

불편한 통학로, 불편한 책가방, 불편한 책걸상, 불편한 교통신호, 맛없는 음식, 볼품없는 건물 외벽 등을 발견하고 해답을 찾아보게 하자. 이것은 모든 창의와 발명의 동력이 될 수 있다.

❾ 장래를 설계해보게 한다.

"내가 어른이 된다면……."

"내가 만일 대학생이 된다면……."

"내가 만일 사장이 된다면……."

"내가 만일 대통령이 된다면……."

아이들로 하여금 자신의 미래 모습을 상상하고 그려보게 하자. 꿈이

구체화될수록 이루어질 가능성은 더 커진다.

⑩ 감동이 있는 경험을 많이 하게 해준다.

"어머, 저것 좀 봐."

"와아, 굉장한데!"

"아름다워, 멋있어!"

"놀라서 까무러칠 것 같아."

이렇게 놀랄 만한 경험을 많이 하는 사람일수록 상상력이 풍부하다.
영화, 연극, 미술작품, 음악 공연, 발레나 현대무용 등 예술작품과
만나는 경험도 아주 중요하다.

02

공상을 즐기는 아이가
꿈을 이룬다

"공상의 역동적 원리는 바로 놀이다.
이 놀이는 어린아이들에게 속하는 것으로, 어떤 심각한
작업하고는 맞지 않아 보인다. 그러나 공상적인
놀이 없이 창조적인 작품이 탄생한 적은 없다.
우리가 상상적인 놀이에 진 빚은 헤아리기 힘들 정도다."
칼 융(Carl G. Jung: 스위스 분석심리학자)

공상에 잠기는 아이는 꿈을 꾼다

어린 시절의 꿈은 대개 열 살 전후에 많이 꾸게 된다. 위대한 업적을 남긴 사람들의 전기를 읽어보면, 자신이 이룩한 업적의 계기가 되었거나 그 일을 하겠다고 처음으로 생각한 나이가 대개 초등학교 상급학년 연령이다.

이 시기는 장차 내가 무엇을 하고 싶고 어떤 사람이 되었으면 좋겠다는 꿈을 꾸는 나이다. 위인전이나 역사, 지리, 과학에 관한 책을 많이 읽는 때여서 미래에 대한 전망, 여기가 아닌 먼 다른 나라에 대한 호기심, 현실 세계뿐만 아니라 환상의 세계, 예컨대 공상과학 이야기 등을 무척 좋아한다. 다시 말해 우리가 생각하고 아는 세계를 넘어서는 세계에 대해 호기심을 느낀다.

공상에 잠기는 아이들은 두 가지 유형이 있다. 하나는 자기 처지가 불안하다고 여겨 도피하려는 생각에서 공상에 잠기는 아이들이고, 다른 하나는 앞으로 꿈을 이루고 싶은 마음에서 백일몽을 꾸는 아이들이다. 기성 작가들 중에는 자신이 처한 현실에 문제가 있어 도피할 량으로 백일몽을 꾸던 것이 나중에 작가로서 작품을 창작할 때 소재가 되어 걸작을 낳은 예도 적지 않다.

19세기 중엽에서 20세기 초에 걸쳐 활동한 미국 작가 마크 트웨인 Mark Twain은 어린 시절 미시시피 강변에 살았다. 그 당시 소년 시절에 꾸었던 그의 꿈이 작품 속에 잘 나타나 있다. 이는 대표적인 작품인 『미시시피 강의 생활』, 『톰 소여의 모험』, 『허클베리 핀의 모험』 등에서 쉽게 발견하게 되는 부분이다. 작가만이 아니라 화가, 과학자, 배우, 운동선수 등 이들 중에도 어린 시절에 꾸었던 꿈을 미래에 실제로 이룬 사람들이 많다.

아이들에게 꿈을 적어보게 해라

요즘 아이들에게 "너 커서 뭐 할래?" 하고 물으면 텔런트, 가수, 개그맨, 야구선수, 축구선수라고 대답하는 경우가 많다. 텔레비전의 영향을 받은 탓이겠지만 아이들의 꿈이란 것이 너무 뻔해서 왠지 마음에 걸린다. 온라인 게이머, 컴퓨터 전문가, 항공기 조종사, 해군

장성, 비디오 작가, 마임 연기자, 태권도 사범, 우주비행사, 유엔 총장, 소설가 등 좀더 다양한 꿈을 꿀 수는 없을까? 아이들이 인기 있는 몇몇 가지 직업에만 현혹되어 있는 점이 안타까울 뿐이다.

꿈을 키워주려면 종이에 꿈을 적어보게 해라. 그러면 그것이 현실이 된다. 꿈을 종이 위에 써놓으면 까맣게 잊고 있다가도 언젠가 그것이 이루어졌음을 확인할 때가 있다. 꿈이 무의식에 새겨지면서 은연중에 그 사람의 행동과 태도에 영향을 미치기 때문이다. 종이에 적는 순간 그 꿈이 현실로 다가서는 계기를 얻게 된다.

재미있는 이야기가 있다. 영화《트루먼 쇼》와《마스크》에서 주연을 맡은 미국의 영화배우 짐 캐리James E. Carrey에 관한 일화다. 짐 캐리는 할리우드 스타를 꿈꾸면서 자기 자신 앞으로 보낼 수제 수표(손으로 그린 수표)를 만들었다고 한다. 무려 1,000만 달러짜리 수표였다. 그런데 "다만 노력의 대가로서"라고 단서를 달았다고 하니 재미있는 사람이다. 그에게는 꿈이 있었던 것이다.

그 후 짐 캐리는 몇 년이고 몇 년이고 그 수표를 호주머니에 넣고 다녔다. 영화 한 편당 출연료가 거액이 되기 훨씬 전의 일이다. 지금은 영화 한 편의 출연료가 수천만 달러에 이르고 짐 캐리도 영화 한 편에 2,000만 달러를 받기도 한다. 그러나 그 당시만 해도 그런 것은 꿈에도 생각 못할 시절이었다.

아버지가 세상을 떠났을 때, 짐 캐리는 아버지의 호주머니에 미래의 자신에게 보내는 수표를 넣어드려 장례식에 참석한 조문객들의 가슴에 감동을 안겨주었다. 그리고 몇 년 후에 그는 1,000만 달러짜리 배우가 되었다. 꿈을 종이에 적었고, 그 순간 꿈은 현실로 이루어진 셈이다.

아이들에게 장차 무슨 일을 하고 싶은지, 무엇이 되고 싶은지 종이에 써보게 하자. 그러면 아이들은 자신의 소망과 능력에 대해 생각하게 될 것이다.

"넌 커서 뭐가 되고 싶은데?" 하는 물음에 아이들이 대답하면 "그것 정말 괜찮은데!" 하고 말해주자. 절대 "애, 무슨 꿈이 그러냐?"라고는 하지 말자. 꿈은 언제든지 바뀔 수 있으니까. 무엇보다도 아이들이 꿈을 그려보는 것이 중요하다.

열 살에 하고 싶은 것은……

열다섯 살에 하고 싶은 것은……

스무 살에 하고 싶은 것은……

대학생이 되면 하고 싶은 것은……

직업으로는……

직업에 관계없이 일생 동안 하고 싶은 것은……

자신이 무엇을 꿈꾸는지 글로 적거나 말로 표현하게 해보면 무의식중에 지속적으로 관심을 기울이게 될 것이다. 그리고 언젠가는 현실이 된다.

03

성공의 어머니는 '성공'이다

: 공부에서 실패 줄이기

"작은 성공이 쌓이면 큰 성공이 될 수 있으나
작은 실패가 쌓이면 자포자기하게 된다."

가장 효과적인 공부 방법은 재미 붙이기다

무슨 공부든 공부를 하면 진보나 변화가 있어야 한다. 진보란 몰랐던 지식이나 기능을 새로이 이해하고, 그것을 기억하고, 또 그것을 새로운 상황에 써먹게 되는 것을 말한다. 변화란 불완전하게 알았던 것을 완전하게 알고, 잘못 알았던 것을 바로 알고, 대강대강 공부하던 나쁜 습관을 고쳐 꼼꼼하게 따지면서 공부하게 되었다는 뜻이다. 그러니까 몰랐던 것을 아는 것은 진보고, 잘못된 것을 바로잡는 것은 변화다.

진보나 변화의 밑바닥에 깔린 기초적인 기능이 있다. 공부하고 싶은 마음(학습 의욕이나 학습 동기), 공부가 재미있다는 생각(학습 흥미)이다. 공부하고 싶은 마음이 있고 공부가 재미있기만 하면 자연히 공부를 열심히 하게 되고 성적도 올라가게 마련이다. 이 두 가지 기능만 잘 갖추면 부모는 아이들의 공부에 대해 걱정할 필요가 없다. 기왕 해야 하는 공부라면 하고 싶고 재미있으면 더 이상 기대할 게 없다. 공부하는 방법을 익혀두면 더욱 좋다.

그렇다면 공부에 재미를 붙이게 하는 방법은 무엇인가? 제일 중요한 것은 '암시효과'를 살리는 것이다.

❶ "얘, 공부가 재미있지? 몰랐던 것을 알게 되니 얼마나 재미있니? 남들이 모르는 것을 내가 더 잘 알게 되었으니 재미있고, 한 가지밖에 몰랐는데 더 알게 되니 재미있지?"라고 말해라. "공부해! 공부 좀 해!" 하는 말은 필요 없다.

공부하라고 책상머리에 앉힐 수는 있어도 강제로 책을 펴놓고 숙제하고, 복습하고, 예습하게 할 수는 없다. 스스로 하게 하는 방법이 제일 좋다. 이는 공부에 재미만 붙이면 저절로 해결되는 문제다. 말을 물가에까지 끌고 갈 수는 있지만 강제로 물을 먹게 할 수는 없다. 아이들도 마찬가지다.

❷ '우리 아이도 하면 돼. 아암, 열심히 하기만 하면 우등생이 될 거야' 하고 마음속으로 믿고 실제로 그런 것처럼 행동해라.

아이들은 늘 엄마의 눈치를 본다. 긴장한 엄마의 표정을 읽고 공부를 하되 면피용으로 하는 척만 하기 십상이다. 아이들이 공부에 집중하기를 바란다면 '엄마가 나를 믿어주는구나' 하는 느낌을 전달해야 한다.

❸ '공부 안 하면 손해다' 하는 역작전(逆作戰)을 써보자.
공부하지 않았을 때 일어날 사태를 머릿속에 그려보도록 한다. "열심히 공부하지 않으면 네가 커서 원하는 일을 하려고 할 때 지장이 커!" "공부를 게을리 하면 친구들 사이에서, 선생님들한테 호감을 사기 어렵잖니?"

❹ 공부를 해도 능률이 안 오르면 한숨 돌리도록 격려해라.
"좀 쉬었다 해" 혹은 "공부하기 싫을 때도 있지? 그럼 하고 싶은 것부터 먼저 하고 나서 꼭 해야 하는 것을 하면 되지?"라고 말해주면 된다. 억지로 다그치는 것은 좋지 않다. 그 대신에 거꾸로 말해볼 수도 있다. "너 실컷 놀고 난 후에 공부할래? 어떻게 되나 한번 해봐!"

❺ 아이의 책상을 정리해주고 학습 일정을 점검해라.
공부에 발동이 안 걸린 아이들일 경우에는 가위바위보나 제비뽑기 등을 통해 공부의 순서를 정하는 방법을 시도하자. 차분하게 마음을 가다듬고 새롭게 시작하도록 하는 것이다. 가벼운 장난을 섞어 마음을 가볍게 해주어도 좋다.

❻ 공부에 대한 부정적인 언급을 절대 삼가라.

"그놈의 숙제"니 "그놈의 공부 때문에 내가 말라죽어. 못살아!" 하며 공부 혹은 공부와 관련된 것들에 대해 부정적으로 말하지 말자. 학교나 선생님을 욕해서도 안 된다.

❼ 작은 성공을 계속하게 한다.

공부가 재미있으려면 공부한 결과가 긍정적이어야 된다. 공부해보니까 계속 앞으로 나아가게 되었다(진도)든지, 몰랐던 것을 확실히 알게 되어 즐겁다든지 하는 경험이 있으면 효과적이다. 아이들을 계속 공부하게 하려면 성공하도록 하는 것이 제일 좋다.

❽ 처음부터 너무 먼 목표, 너무 큰 목표를 내세우지 마라.

인생의 목표, 자기실현의 목표, 야망, 꿈은 멀고 클수록 좋을지도 모른다. 그러나 학습 목표가 너무 크면 아예 공부를 포기할 수도 있다. 진도가 안 나갈 때는 스스로 실망하게 된다. 목표는 작은 것으로, 가까운 것으로 정하자. 목표가 작아야 성취가 가능하다. 스몰 스텝small step으로 가자는 말이다. 그렇게 공부해보면 갈수록 재미있어진다. 무리 없이 순조롭기 때문이다. 목표를 결정할 때는 아이와 협의하는 것이 좋다.

❾ 작은 성취나 가까운 목표를 달성할 때마다 격려해주고 스스로 그 결과를 확인하도록 한다.

작은 목표나 스케줄을 적은 일람표를 만들어놓고 공부가 끝날 때마다 V표를 찍어나가는 것도 한 가지 방법이다. 그럼으로써 한결 성취감이 커진다. 성취감을 느끼면 공부가 재미있어진다.

❿ 학습 일정은 시간 단위가 아니라 분 단위로 나눈다.

학습량을 잘게 쪼개야 하기 때문에 일정을 작은 단위로 짜는 것이 좋다. 10분 단위로 짜면 자연히 짧은 시간을 효과적으로 사용하기 위해 집중하게 된다. 10분은 눈 깜짝할 사이에 지나가는 까닭에 집중하지 않으면 공부가 안 된다.

⓫ 공부를 시작하는 시간과 끝나는 시간을 정하게 한다.

자발적으로 공부하게 하려면 공부가 재미있어야 하고, 공부가 재미있으려면 성과가 나야 한다. 큰 성과를 원한다면 작은 성취를 모으면 된다. 큰 성과를 얻기는 쉽지 않으니 먼저 작은 성과를 올리도록 프로그램을 만들게 하자. 학습 일정을 스스로 짜게 하면 책임감이 생겨 더 열심히 공부하는 효과를 얻을 수 있다. 계획했던 스케줄을 마치면 짧은 휴식이나 스트레칭, 심호흡 등을 하게 한다.

⓬ 공부에 집중하기 힘들면 입으로 소리 내어 읽게 한다.

소리 내어 공부하는 것을 여러 번 되풀이하다 보면 저절로 학습이 이루어지기도 한다. 정말 집중이 안 될 때는 공부 시간을 변경하거나 순서를 바꾸어보아도 좋다.

⑬ 시간이 아니라 분량을 정하는 방법도 있다.

공부에 전혀 집중이 안 되는데 무조건 시간만 채우는 것은 바람직하지 않다. "오늘은 2시간이다" 하며 시간을 정하기보다는 "오늘은 ××부터 ××까지다" 하는 식으로 분량을 정하자. 그래야 진도가 확실해지고 학습 효과도 확인이 가능하다. 공부는 물론이고 이외에 다른 일을 할 때도 마찬가지다. 한꺼번에 큰 목표를 달성하려다 큰 좌절을 맛보게 하기보다는 작은 성취를 이어나가도록 하는 것이 아이들의 학습에 맞는 전략이다.

상상력의 시작, 스토리텔링

"스토리텔링은 아이들에게 앎의 문을 열고 생각의 소재를 제공한다."

책을 읽어주면 정신이 눈을 뜬다

스토리텔링Storytelling이란 한마디로 책 읽어주기다. 전래동화를 비롯해 창작동화, 민화, 전설 같은 이야기뿐만 아니라 과학, 전기물, 역사물에 이르기까지 아이들에게 육성으로 읽어주는 것을 말한다.

서양에서는 아이들이 잠자리에 들기 전에 침대머리에서 엄마나 할머니가 책을 읽어주는 전통이 이어져오고 있다. 하기야 우리나라도 옛날에 엄마나 할머니가 아이들에게 무릎을 베게 하고 책을 읽어주는 집이 있었다. 필자의 한 사람은 이런 경험을 통해 새로운 세상을 만났고, 온갖 사람들의 마음을 읽었고, 현실 세계가 아닌 또 다른 세상에 대한 호기심을 느끼게 되었다. 이것이 오늘날 내가 글쓰기를 좋아하게 된 큰 동기가 되지 않았나 생각한다.

어릴 때부터 책을 가까이 하고 부모나 교사와 스토리텔링을 함께 할 기회가 많았던 아이들은 어떤 교육적 효과를 누렸을까?

동화나 동시를 많이 접한 아이들은 바람직한 대인관계를 만들어 가고 사물을 올바른 관점에서 보고 이해하는 능력이 생겨난다. 특히 상상력을 키워주기 때문에 연상능력이 발달하며, 상상의 세계에서 즐거움과 희열을 경험한다. 새로운 정신세계로 들어가는 문을 만나게 되는 셈이다. 조앤 롤링의 『해리포터』 같은 판타지 소설은 아이들을 환상의 세계 속에 살도록 만들어주지 않는가? 또 다른 현실 세계로 들어갈 수 있는 것이다.

또한 아이들의 정신발달을 촉진하고, 그 결과 감정이 더욱 풍부해진다. 남의 말을 듣는 능력과 태도가 발달하고 성숙해진다. 아름다운 말을 배우고, 세련된 언어 구사 능력을 얻고, 적절하게 대화하는 방법도 터득하게 된다. 이야기 속에 등장하는 여러 인물, 사건의 발전, 상황의 변화 등을 읽고 들음으로써 인식능력이 향상되고 사고하는 능력의 폭도 넓고 깊어진다. 문학적 상상력이 발달해 창작 동기를 얻게 된다.

스토리텔링은 상상력과 창의력을 자극한다

스토리텔링은 상상력과 언어·문화적 감수성, 표현력을 기르는 데 아주 효과적이라는 평가에 따라 새삼 각광을 받고 있는 교육방법이다. 그런데 단순한 '동화' 들려주기나 '이야기 시간'과는 다른 면이 있다. 스토리텔링을 제대로 하려면 두 가지 조건을 갖추어야 한다. 하나는 내용이고, 다른 하나는 방법이다.

스토리텔링을 하기 위해서는 다음과 같은 내용의 이야기를 고르는 것이 바람직하다. 어린아이들이 알기 쉽고, 이해하기 쉽고, 재미있고, 즐거워할 수 있는 것이어야 한다. 일단 스토리텔러, 즉 이야기꾼이 감동을 받은 이야기면 더욱 좋다. 재미가 없어도 교육적으로 유익한 경우에 종종 무리하게 선택하는 수도 있지만 스토리텔링에서는 이 조건이 아주 중요하다. 이야기꾼이 감동하지 않은 이야기는 아이들에게 감동을 줄 수 없기 때문이다.

- 줄거리가 비교적 단순하고 "그래서, 그래서……" 하며 내용이 계속 앞으로 앞으로 발전해가는 이야기가 좋다.
- 이야기성이 강한, 다시 말해 이야깃거리가 될 만하면서 전개가 간결해야 한다.
- 극적인 요소가 있는 줄거리면서 이야기가 구성력(기승전결)을 갖추면 더욱 좋다.
- 마음씨 좋은 아저씨와 욕심쟁이 아저씨처럼 등장인물이 서로 대조되는 성격이면 좋다.
- 대립적인 두 인물이 대결을 벌리는 등 클라이맥스가 뚜렷한 이야기가 좋다.

• 아이들의 발달수준에 어울리는 이야기라야 한다.

스토리텔링의 기법

스토리텔링에서는 문자를 말로 바꾸지 않으면 안 된다. 그런데 문장을 읽어 그것을 음성으로 바꾸는 일이 생각처럼 쉽지는 않다. 이 과정에서는 약간의 기술이 필요하다.

• 이야기를 미리 소리 내어 몇 번이고 읽어보아야 한다. 더 잘하려면 녹음해서 들어보고 문제가 있으면 고치자. 가령 음성의 높낮이 (인토네이션)가 적절한지 확인해본다.

• 한 마디 한 마디 말의 뜻을 새기면서 읽는다. 단순히 글자를 읽는 것이 아니라 뜻을 전달해야 하기 때문에 깊이 의미를 음미해가면서 읽어야 한다.

• 한 단락씩 머릿속에 그림을 그리면서 그것을 아이들의 머릿속에 각인시킨다. 그래야 아이들이 실감나게 받아들이고 현실감 있게 공감할 것이다.

• 머릿속 이미지가 분명하지 않으면 선명해지도록 하는 연구가 필요하다. 그 이미지에 말을 붙인다는 생각으로 연출해보자.

• 말만의 기억에 머물지 않도록 노력한다. 즉 말을 통해 머릿속에 이미지가 그려지도록 연출한다.

- 한 글자 한 글자에 지나치게 구애받아 부자연스러워지지 않도록 하고, 완전히 소화시켜 전달한다는 각오로 연습한다.
- 아이들이 알아들을 수 있는 쉬운 말로 전달한다.
- 가능하면 추상적인 말보다는 구상적인 말로 표현한다.
- 감각적인 말로 표현한다. 예를 들어 "부릉부릉!" 혹은 "쌔근쌔근 잠들다" 하는 식으로 의성어를 적절히 사용하면 효과적이다.
- 대화에서는 진짜 대화를 하듯이 자연스럽게 표현한다.
- 리듬감을 주어 효과를 높인다.
- 말이나 이야기 내용을 되풀이해서 전할 수도 있다.
- 문장을 짧게 잘라서 간결하게 말한다.
- 이야기를 앞으로 앞으로 진전시켜가면서 전달한다.
- 몸짓, 손짓, 발짓 등 몸 언어(보디랭귀지)를 적절히 구사한다.

05

몸을 흔들고 가슴이
울리게 하라

창의적인 발상의 워밍업: 몸 흔들기와 귀 쫑긋하기

아이들이 장난감을 가지고 놀 때 보면 절대 설명서에 적힌 대로 하지 않는다. 예를 들어 봉제완구를 사주었다고 하자. 아이들은 그냥 두고 보는 대신에 비틀어보고, 냄새를 맡아보고, 던져보고, 조종해보고, 인형들끼리 싸움도 시켜보고, 말도 시켜본다. 그러면서 장난감으로 할 수 있는 자기만의 놀이를 새로이 창안한다.

아이들에게는 이것이 창조적인 작업의 한 유형이다. 말하자면 창의적 발상의 워밍업 같은 것이다. 아이들은 생각(아이디어)할 때 온갖 감각기관을 다 사용한다. 그뿐 아니라 감각기관끼리 연합작전을 펴는 예도 많다. 프랑스의 상징파 시인 랭보의 시 〈모음들voyelles〉은 모음이라는 청각과 색깔이라는 시각이 얽혀 있는 공감각 경험이다. 공감각이란 두 가지 이상의 감각이 엉기는 것을 말하는데 창의적인 사람은 공감각적인 능력이 뛰어나다. 소리를 듣고도 색을 연상하고, 맛을 보고도 시각상을 떠올리고, 장미꽃을 보고도 음악 소리를 듣는 사람들이 작가가 되고 과학자가 된다.

가령 '눈으로 부르는 노래'라든가 '음악 그리기', '귀로 느끼는 색채', '무지개 잡기', '이야기하는 음악'은 공감각을 표현하는 말들이다.

"엄마가 피아노를 칠 테니까 어떤 느낌인지 색깔로 표현해봐."

"엄마가 피아노를 칠게. 그 음악을 듣고 이야기를 꾸며봐."

"엄마가 이야기를 들려줄 테니까 몸짓으로 감상을 나타내봐."

"엄마가 그림을 한 장 보여줄게. 그림을 보고 이야기를 꾸며봐."

이런 모든 자극은 한 가지 감각경험을 제공하고 다른 감각기관에서 반응을 유도한다. 말하자면 공감각적 '자극과 반응'이라고 할 수가 있다. 어떤 예술 분야든 공감각적 경험이 창조의 밑거름이 된다. 공감각적 자극이 아이들의 창의력 기르기에 중요한 조건인 이유가 여기에 있다.

소리 내어 책을 읽으면서 몸을 흔들게 하라

유태인들은 부피가 어마어마한 『탈무드』를 공부할 때 몸을 앞뒤로 흔들면서 소리 내어 읽는다. 소리 내어 읽으면 일차적으로 눈이 글자를 확인하면서 시각 정보로 입력하고, 소리를 내면 청각 정보가 되어 귓속으로 들어가고, 몸을 흔들면 운동신경을 자극해 머리에 저장된다.

유태인들 중에는 히브리어로 된 구약성서를 통째로(한글 성서로 1,331페이지에 이른다) 암송하는 사람이 적지 않다고 한다. 유태인 제2의 경전이라고 할 수 있는 『탈무드』를 가르치는 학자들 중에는 그 방대한 『탈무드』 전권(2,000페이지쯤 된다)을 기억하는 사람도 있다.

유태인들이 방대한 양의 경전을 기억할 수 있는 것은 어릴 때, 그러니까 세 살 무렵부터 구약성서와 『탈무드』를 가르치기 때문이다. 이때 몸을 전후좌우로 흔들며 오른손 검지로 문장을 짚어가면서 소리 내어 읽게 하고 반복 · 복창 · 암송을 시킨다. 그러니까 눈(시각)으로 보고, 소리 내어서 읽고(입-발성기관), 자기 소리를 자기가 듣고 (귀-청각), 몸을 흔들면서(신체기관운동) 암송하는 덕분에 4위 일체가 되어 학습 효과가 좋다.

창조적 근육운동과 춤, 청각반응에 주목하라

여러 가지 복잡한 의미를 담고 있는 아이들의 몸동작을 살펴보아야 한다. 아이들의 몸놀림에 관심을 갖자. 아이들은 언어가 불충분하기 때문에 몸으로 생각과 감정을 표현하는 경우가 많다. 부모자격증 제도가 있다면 이를 아주 예리하게 알아차리는 부모에게 일차적으로 자격증을 주어야 할 것이다. 나이가 어릴수록 아이들의 언어는

'몸 언어', 즉 '보디랭귀지'이다. 아이들이 몸짓으로 자신을 표현하도록 이끄는 방법도 도움이 된다.

❶ 집에서 적극적으로 몸동작을 연출하게 한다.
그림 그리기와 색칠하기, 피아노 치기, 춤추기, 노래 부르기, 인형옷 만들기, 요리하기, 무언극 하기(팬터마임), 역할놀이(소꿉놀이), 동시나 이야기를 듣고 몸으로 표현하기, 음악에 따라 춤으로 보여주기, 이야기를 듣고 춤으로 표현하기 등 몸을 움직여 나름대로 창의적인 표현을 해보도록 유도하자. 이때 남의 흉내를 내는 대신에 자기만의 창의적인 아이디어를 만들어내도록 해야 한다. 아이에게 이렇게 말해주자. "너한테만 있는 것을 표현해봐."

❷ 청각적인 반응을 이끌어내는 방법을 사용한다.
음악을 틀어주고 글을 쓰게 하거나, 리듬에 맞추어 걷고 뛰게 하거나, 멜로디를 들려주고 노랫말을 짓게 하거나, 반대로 동시에 곡을 붙여보게 할 수 있다. 몸놀림, 청각 자극, 시각 자극을 혼합해 온몸으로 새로운 것을 만들어내고 표현하는 경험을 선물하라는 말이다. 이는 별로 어려운 일이 아니고 일반 가정에서 일상적으로 할 수 있다. 몸을 움직이고 가슴에 와 닿는 표현활동을 하도록 분위기와 기회를 만들어주기만 하면 된다. 그러면 아이들은 자기 안에 숨겨진 생각과 감정을 진솔하게 나타낼 수 있다. 이것이 창의적인 표현을 위한 워밍업이다.

상상력 공작소에 함께 가기

19세기 초 영국에서 태어나 작가로 활동한 세 자매 중 하나인 에밀리 브론테Emily J. Bronte는 스물아홉 살에 소설 『폭풍의 언덕』을 썼다. 당대의 유명한 시인이기도 했던 그는 자신이 작가가 되는 데 결정적인 영향을 준 것은 '바다를 본 경험'이라고 이야기했다. 그가 살던 영국 요크셔 지방의 황량한 외딴 마을에서 40킬로미터쯤 떨어진 외가에 처음 가게 되었을 때 언덕을 넘어 펼쳐지는 바다 풍경을 보고 너무나 큰 충격과 감동을 받은 것이다.

안동에서 고등학교를 다니던 필자의 한 사람은 1947년 학교 대표로 경북 지방 학생들의 모임에 참석했다. 모임을 마치고 대구의 유명한 극장인 만경관에 가서 프랑스 영화 《영광의 서곡》과 디아나 다빈이 출연한 미국 영화 《크리스마스 홀리데이》를 보았다. 60년 전의 일이지만 필자는 지금도 그 영화의 줄거리는 물론이고 내용까지 상세하게 기억하고 있다. 그 후로 영화를 무척 좋아하게 되었고 지금도 일주일에 한 편은 본다. 이때의 경험은 나에게 많은 영감을 주는 원천이 되고 있다.

『서머힐』이라는 책을 쓴 영국의 유명한 교육자 알렉산더 니일 Alexander Niell의 이름을 들어보았을 것이다. 그는 영국에 '서머힐 학교'를 세우고 몇십 년에 걸쳐 새로운 교육을 실험했다. 그가 했던 충격적인 말들 중에 이런 것이 있다.

"학교에서 배운 미·적분을 나는 일생에 한 번도 써먹어본 일이 없다. 차라리 '영화 보는 방법'을 가르쳐주었다면 평생 동안 써먹을 수 있었을 것이다. 수학은 소수만 필요하고 영화는 모든 사람에게 필요하다."

내가 이 말에 전적으로 동의하는 것은 아니지만 영화는 좋아한다. 영화는 모든 예술 장르를 포함한다. 흔히 하는 식으로 분류해본다면 영화에는 이야기가 있고, 그 이야기를 창작하는 작가가 있으니 문학이다. 영화의 모든 세트 설치 작업부터 화면구성, 의상, 컴퓨터그래픽은 미술이고, 카메라워크는 사진이고, 연기자의 연기와 그 지도(감독)는 연극이다. 그리고 배경을 받쳐주는 음악이 있다. 영화를 종합예술이라고 하는 이유가 이것이다. 뮤지컬은 한술 더 떠서 춤이 있으니 무용이다.

우리나라 영화산업은 세계에서 6등 내지 7등 정도 한다. 관객 수는 세계 6위, 극장 매출은 세계 7위에 오를 정도다. 대단한 업적이다. 가끔은 국제 영화제에서 감독이나 배우들이 그랑프리도 받고 영화제의 개막식이나 폐막식 상영작으로 초청받기도 한다. 심지어 미국 할리우드조차 자기네 영화를 미국이 아니 한국에서 먼저 개봉하는 경우도 있다. 그만큼 한국 영화 관객의 수준이 높다는 이야기다.

유명한 영화배우나 뮤지컬 배우, 혹은 탤런트 들을 보면 연극배우 출신이 꽤 있고, 수명이 긴 연기자들 중에도 연극배우가 많다. 연극 배우들은 대개 돈벌이 걱정을 제쳐두고 일단 연기가 하고 싶어 뛰어든 사람들이기 때문이다. 실수를 허용하지 않는 연극무대의 특성상 완성도 높은 연기를 해야 하고, 그래서 연기력 또한 뛰어나다. 연극 배우의 연기에는 표현 동작을 위해 신체와 정신을 자유롭게 해방하는 즉흥성이 있고, 연기자나 관객이 느끼는 공감의 세계가 있다. 배우의 내적 세계뿐만 아니라 관객으로서 자기 자신의 정서와 태도를 이해하게 되고, 개인의 정체성을 발견하고 자아를 성장시키는 계기를 얻게 된다. 연극이란 얼마나 풍부한 인간적 자산인가?

우리나라 뮤지컬 연기·연출 능력과 관객의 수준, 안목, 태도도 대단하다. 연희적인 끼가 넘치는 백성인 까닭에 뮤지컬에서도 성공적인 결과를 낳고 있다. 비즈니스로 성공했느냐는 둘째 치더라도 우리의 창작 뮤지컬이 미국과 뮤지컬의 본고장인 영국에까지 진출했으니 대단하지 않은가?

무한한 상상을 자아내는 예술 장르인 오페라는 특히 영화와 달리 현장감이 있어서 공감을 이끌어내기에 안성맞춤이다. 작곡가들 중에서는 오페라 작곡가가 좀더 창조적이라고 평하고 싶다. 오페라에는 음악 이외에 문학이 있고, 연극이 있고, 미술이 있기 때문이다. 한마디로 종합예술이다.

무용은 몸의 움직임만으로 인간의 사상과 감정, 역사, 신앙을 나타낸다. 하지만 영화나 뮤지컬, 오페라와 달리 몸의 상상력, 몸의 움직임에 대한 공간적(3차원적) 상상의 예술이어서 아주 독특하다. 연극이나 오페라는 대사가 있지만 무용에는 대사가 없어 동작 자체가 메시지를 만들어낼 수 있어야 한다. 무용가인 루돌프 라반Ruddf Laban은 "무용가는 춤을 통해 개인의 경험을 표현해야 하는 창작자"라고 말했다. 그리고 무엇보다도 창작자로서 창의력, 자발적 즉흥성, 실험정신이 있어야 훌륭한 무용가가 된다고 강조했다.

예술 공연이나 발표회에 함께 가거나 감상하는 기회를 주는 것은 아이들의 무한한 상상력을 자극하며 눈에 보이는 세계만이 진실이 아니라 상상의 세계도 우리 정신의 일부임을 깨닫게 만든다. 나중에 과학자가 되든, 예술가가 되든, 기업가가 되든 상상력은 크나큰 자산이 될 것이다.

창의적인 사람이 미래를 소유한다
– 붕어빵 교육은 미래가 없다

세계적으로 유명한 컴퓨터 전문가이며 MIT 공과대학 교수인 니콜라스 네그로폰테Nicholas Negroponte 박사가 한국을 찾았다. 그는 인터뷰를 하는 자리에서 한국 교육에 대해 다음과 같이 충고했다.

"한국에서 대학에 입학하는 것은 결승점에 도착한 마라톤 선수에게 다시 암벽에 오르라고 요구하는 격이다. 한국이 서둘러야 할 것은 어린아이들의 창의력을 개발하는 일이다."

우리 학교교육이나 가정교육을 자세히 관찰해보면 정상이 아닌 것쯤은 누구나 알게 된다. 우리 아이들은 과연 행복한가? 어린 시절에 자유롭고 꾸밈없이 놀 수 있어야 어른이 되어서 창의적인 일을 한다. 공부만 해온 아이들이 앞으로 좀더 행복하게 어린 시절을 보내게 해주어야 한다. 영국의 시인 윌리엄 워즈워스William Wordsworth

의 시에 이런 구절이 있다. "어린이, 그의 이름은 오늘." 오늘이 행복하지 않은데 어찌 내일이 행복해지겠는가? 황량해진 어린이 놀이터를 볼 때마다 가슴이 답답해진다.

부모들은 어떤가? 부모들도 경제적으로나 정신적으로나 육체적으로 엄청난 짐을 지고 살고 있다. 물론 아이의 미래를 위한 투자라고 생각하면 위로가 되겠지만 당장에 짐이 무거운 것은 사실이다. 그렇다면 과연 투자한 만큼 소득이 돌아올까? 정성이나 사랑을 문제 삼자는 것이 아니다. 방법에 문제가 있다는 말이다.

2009년 초 연세대 음대의 양성원 교수가 한 신문에 다음과 같은 요지의 글을 기고한 일이 있다. 우리나라의 많은 영재들은 꽃을 피우지 못하고 일찍 시들어버리는데 그 이유는 너무 서둘러 선행학습을 시키기 때문에 흥미와 호기심을 상실한 데 있다는 것이다. 우리가 아이들을 엄청난 선행학습의 올가미 속으로 몰아넣고 있지는 않는지 되돌아보아야 할 때다.

미국의 명문대학에 무난히 진학하고도 수업을 따라가지 못해 중도 탈락하는 학생들이 의외로 많다고 했다. 창의적인 사고로 문제를 해결하지 못하니 공부가 짐이 되기 때문이다. 학습이란 새로움에 대한 탐구이니만큼 흥미와 호기심이 뒷받침되어야 한다. 그것이 짐이 되고 원수가 되어서는 안 된다. 그러면 진보는 없다.

지금 세계는 경제가 다시 살아나느냐 침몰하느냐로 부글부글 끓고 있는 와중이다. 노벨 경제학상 수상자가 제일 많은 미국이 힘든 지경인 것을 보면서 세상은 교과서대로 되지 않는다는 것을 뼈저리게 느낀다. 우리나라도 사정은 마찬가지다. 공부 잘해서 성적만 좋고 다른 특징이 없는 아이들은 커서도 이 어려운 문제를 잘 풀어내지 못한다. 이 위기를 돌파하는 리더십을 발휘한다면 그는 진정한 지도자가 될 것이다. 이럴 때일수록 창의적인 발상이 필요하고, 도전정신을 발휘해야 하고, 유연하게 사고해야 한다.

21세기는 예술과 과학이 꽃피는 시대가 될 것이다. 우리나라 장관의 연봉이 1억 원 조금 넘는데 20대 젊은 연예인들의 1년 수입은 광고 수입, 개런티 등을 합해 수십억이 된다. 물론 돈을 기준으로 성공 여부를 따질 수는 없다. 하지만 수입을 재능의 대가로 본다면 개성적인 능력과 재능을 발휘함으로써 얻은 보상이기 때문에 결국 훌륭한 성공지표가 된다.

이제 과학 이야기를 하려고 한다. 서울의 모 대학교 의과대 교수가 심장수술에 사용할 의료기기를 발명해 100억 원 상당의 특허료를 받고 있다. 이는 개인적으로 과학적 창의력을 발휘해 얻은 보상이며, 동시에 인류의 건강 증진을 위한 공헌이다. 교수가 그 특허료를 대학에 기증한다고 발표했으니 의미는 더욱 깊다.

과학과 예술은 국경이 없다. 과학과 예술은 창의력이 필요한 작업의 대표적인 예다. 창의력을 길러놓으면, 그러니까 예술 분야나 과학 분야에서 창의적으로 생각하고, 창작하고, 기술을 만들어내고, 문제를 해결하는 능력을 길러놓으면 정년의 덫에 걸리지 않고 평생 그 일을 할 수 있다. 그리고 자아실현을 달성할 수 있다. 국제적으로 활동하고, 국제적으로 유명해지고, 부(富)를 만들고, 인류의 삶의 질을 높이는 데 공헌할 수 있다.

　창의력이 있는 사람이 미래에 다가올 기회를 자기 것으로 만든다. 미래가 필요로 하는 문명과 생활방식을 새롭게 창조하고 인류를 더욱 복되게 할 수 있기 때문이다. 창조의 대가는 엄청나다. 주입식으로 습득한 단순 지식으로 성적만 좋아서는 그런 기회를 자기 것으로 소화하지 못한다. 남들이 만들어놓은 것만 배우고 그것으로 일해봐야 다른 사람의 뒤만 쫓을 뿐이다. 창조적인 일을 하는 사람은 언제나 새롭고, 가치 있고, 참신하고, 신기한 것을 찾아다닌다.

　이제 우리의 교육도 똑같은 아이들을 양산하는 시스템에서 벗어나야 한다. 붕어빵을 만드는 교육에서 벗어나야 한다는 말이다. 모든 아이들에게는 자기 나름의 서로 다른 잠재력과 목표와 적성과 개성이 있다. 그것을 살리는 교육이어야 아이들이 행복하다. 그래야 부모들이 짐을 덜고 아이들에게는 공부가 재미있어진다.

　좋은 교육은 아이들을 행복하게 만든다. 자신이 하고 싶고, 잘할 수 있고, 자신에게 맞는 공부를 열심히 할 때 느끼게 되는 행복 말이다. 부모들이 조금만 마음의 여유를 가지고 교육을 다시 생각해봐주기를 바란다. 아이들을 남들처럼 기를 것이 아니라 '그 아이답게', '남다르게', '독특한 아이로' 기르는 것이 참되고 좋은 교육임을 인식하게 되기를 기대해본다. 남이 미처 하지 못한 것, 생각하지 못한 것, 만들지 못한 것을 하고, 생각하고, 만드는 사람이 되어야 자아를 실현하고 인류에 공헌할 수 있다.

부록
I

창의력을 기르는 20가지 법칙

(블루닷 창의성 연구소)

1. 매사에 의문을 가지고 대하게 하라. 창조적 의문은 탐구의 출발
   점이다.

2. 아이들이 말이나 몸으로 자기 의사와 감정을 자유롭게 표현하게
   하라. 자유롭게 표현해야 생각이 자유로워진다.

3. 호기심을 갖게 하라. 창조에 불을 댕기는 구실을 한다.

4. 아이디어(생각)를 그림으로 그리게 하라.
   그래야 아이디어가 현실이 된다.

5. 집중력을 키워라.
   미치지(광기) 않으면 미치지(경지에 도달하지) 못한다.

6. 기록하는 습관을 들여라.
   아이디어의 90%는 망각의 쓰레기통에 버려진다.

7. 옛것, 다른 사람이 해낸 것을 수시로 참조하라(책 읽고 조사하는 것
   을 말함). 그리고 거기에 없는 것을 찾게 하라.

8. "어떻게?"를 고민하게 하라.
   목표에 이르는 길은 한 가지만이 아니다.

9. 괴짜를 포용하라. 엉뚱한 것이 빛을 볼 수 있다.

10. 온갖 것에 관심을 갖게 하라. 거기에 아이디어의 원천이 있다.

11. 꼬치꼬치 따지고 캐묻는 것을 미덕으로 여겨라.

	그런 정신이야말로 창의력의 자산이다.

12. 마무리를 철저히 하고 깔끔하게 정리하는 습관을 들여라.

	대강대강은 미완성품을 만들 뿐이다.

13. 책을 읽고, 읽은 것으로 글을 쓰고, 비판하는 습관을 들여라.

	그래야 사고력이 자란다.

14. 머릿속의 아이디어를 그림으로 그리고(설계), 꾸미고(구성), 만드
	는(제작) 등 손을 쓰는 일을 즐기게 하라. 모든 창조는 손을 통해
	야 현실이 된다.

15. 언제나 새로운 것에 매력을 느끼게 하라.

	지금까지 없었던 것이 있게 되는 과정이 중요하다.

16. 가장 하고 싶은 것이 무엇인지 발견하게 하라.

	가장 하고 싶은 것을 할 때 창의력이 가장 잘 발휘된다.

17. 눈여겨보고 귀담아듣는 태도를 갖게 하라.

	창의적인 아이디어는 뛰어난 관찰력에서 탄생한다.

18. 목표의식을 갖고 그것을 위해 시간과 노력을 투자하게 하라.

	창조는 하루아침에 이루어지지 않는다.

19. 꿈을 꾸고 그 꿈을 이루기 위해 정열적으로 도전하게 하라.

	어떤 걸작도 정열 없이 만들어진 것은 없다.

20. 새로움, 변화, 기이함에 대해 경탄하는 마음을 갖게 하라.

	놀라움에 대한 감성 없이 새로운 창조는 없다.

창의력을 방해하는 말투와 조건

(블루닷 창의성 연구소)

1. "너 몇 점 받았니?" "몇 등 했어?" (점수지상주의)

2. "쓸데없는 짓 하지 말고 공부나 해!" (진정한 공부에 대한 몰이해, 적성·흥미 무시)

3. "다시 그런 짓(엉뚱한 모험) 하기만 해봐라, 용서 안 할 거야!" (모험심·실험정신 위축)

4. 집안 분위기가 딱딱하고 유머감각이 없다 (융통성·마음의 여유 부족)

5. "남들이 하듯이 눈치껏 따라서 해. 별나게 놀지 말고!" (동조성 강조, 개성 무시)

6. "넌 최소한 ××대학 ××학과에는 들어가야지." (개성·적성·개인 목표 무시)

7. "넌 하라는 건 안 하고 하지 말라는 것만 골라서 해." (자율성 무시)

8. "시키는 일이나 해!" (자율성·자발성 억압)

9. "○○를 좀 봐!" "삼촌 좀 봐!" "동생 좀 봐!" (비교하기, 개성 무시, 자존심 손상)

10. "생각할 것 없어. 빨리 하기나 해!" (사고의 기회 박탈)

11. "말도 안 되는 소리 작작해!" (표현 억제)

12. "얼씨구 자알한다!" "어이구, 니 주제에?" "네가?" (비꼬기, 빈정

대기, 인격 무시)

13. "넌 몰라도 돼!" "그것도 몰라?" (호기심 죽이기)

14. "바보 같은 짓만 골라서 하니?" "넌 틀렸어." (실망시키기, 무시)

15. "넌 아직 어려. 몰라도 돼!" (호기심 무시)

16. "네 할 일이나 해!" (호기심 죽이기)

17. "넌 커서 뭐가 되려고 그래?" "그래가지고 밥술이나 제대로 얻어먹겠니?" (실망시키기, 가능성 무시, 용기 죽이기)

18. "지금 그런 짓 할 때냐? 공부나 해!" (진정한 공부에 대한 몰이해, 교육 방향 오류)

19. "네가 하는 일이 다 그렇지. 뭐 제대로 하는 게 있어야지!" (인격·개성 무시, 용기 죽이기)

20. "넌 누굴 닮아서 그래?" (개성·인격 무시)

21. "그건 해보나마나다!" (부정적인 자극, 실험정신 죽이기)

22. "하던 대로 해, 딴짓 하지 말고!" (실험정신·모험심 죽이기)

창의적인 아이들의 심리적인 특징
(블루닷 창의성 연구소)

좀 특별나고 창의적인 아이들은 대개 다음과 같은 성격이나 태도, 행동 특징을 나타낸다. 자녀가 아래의 행동 특징을 많이 보이면 비교적 창의력이 뛰어난 편이라고 할 수 있다.

1. 혼자서 일하거나 공부하기를 좋아한다.
2. "만약 ……하면 어떻게 돼요?" 하는 식의 질문을 많이 한다.
3. 상상하기를 좋아하고 즐긴다.
4. 생각할 때 융통성이 있다. 고집을 부리지 않는다.
5. 끈기와 인내심이 많고, 일단 일을 시작하면 쉽게 포기하지 않는다.
6. 일상적이고 흔한 일에는 관심을 보이지 않는다.
7. 캐묻기를 좋아한다.
8. 체험학습이나 직접경험을 좋아한다.
9. 색다른 생각이나 별난 생각을 한다.
10. 유머감각이 보통 아이들보다 뛰어나다.
11. 실패하더라도 좌절해서 주저앉지 않고 다시 시도한다.
12. 일할 때나 공부할 때 집중력이 뛰어나다.
13. 복잡한 생각도 잘한다(복잡한 문제도 회피하지 않는다).

14. 자유를 좋아해 가끔 제멋대로 구는 것처럼 보이기도 한다.

15. 어떤 문제에 부딪혔을 때(혹은 학습 문제를 받았을 때) 많은 답을 만들어낸다.

16. 일이나 공부를 어른이나 선생님이 시켜서만 하는 게 아니라 자발적으로 한다.

17. 구체적으로 생각하고 정교하게 문제를 풀어간다.

18. 남들이 잘 생각하지 않는 방식으로 생각한다. 엉뚱한 데가 있다.

19. 문제에 부딪히면 생각을 술술 풀어낸다.

20. 위험한 일도 서슴없이 해보려고 시도한다.

21. 실험해보기를 좋아한다.

22. 늘 자신감이 있다.

23. 감수성이 뛰어나고 호기심을 보일 때가 많다.

24. 목표가 뚜렷하며 목표에 다가가기 위해 집중적으로 노력한다.

25. 관습이나 제도 같은 것에 구애받는 것을 싫어한다.

26. 때로는 자기주장을 논리적으로 내세운다.

27. 때로는 무질서하고 애매모호한 것도 받아들인다.

28. 의욕이 넘치고 정열적으로 일(공부)한다.

KI신서 1696

다섯 살 두뇌력이 평생학습을 결정한다

1판 1쇄 발행 2009년 3월 5일
1판 6쇄 발행 2011년 5월 20일

지은이 김재은 구동조 김병수 **펴낸이** 김영곤 **펴낸곳** (주)북이십일 21세기북스
기획 · 편집 황상욱 **본부장** 이승현 **디자인** 박선향
마케팅 · 영업 문병구 도건홍 박민준 이총석 우중민
출판등록 2000년 5월 6일 제10-1965호
주소 (우413-756) 경기도 파주시 교하읍 문발리 파주출판단지 518-3
대표전화 031-955-2100 **팩스** 031-955-2122 **이메일** book21@book21.co.kr
홈페이지 www.book21.com

값 10,000원
ISBN 978-89-509-1755-5 13370